COLECCIÓN: EXPERIENCIA RELIGIOSA

SI BAJO AL ABISMO, ALLÍ TE ENCUENTRO

Ernestina y Pedro
Álvarez Tejerina

Fundación Santa María de Carbajal
León 2022

Índice

FSC
www.fsc.org
MIXTO
Papel procedente de
fuentes responsables
Paper from
responsible sources
FSC® C105338

Carta al lector

Le presentamos un camino de diecisiete etapas, un proceso de crecimiento desde la crisis hasta la Tierra Prometida. Aunque el recorrido es el mismo para todos, cada uno lo iniciamos desde nuestra situación específica: nosotros desde la enfermedad de Alzheimer de nuestro padre y usted desde…

En cada etapa tendremos que superar alguna prueba concreta: la aspereza del desierto, la desesperanza, la idolatría, las rivalidades, el cansancio… Es una travesía dura con fuertes desniveles y tramos peligrosos. ¡Un auténtico reto! Pero, sorprendentemente, para este viaje no necesitamos una gran preparación física ni ser expertos en técnicas de supervivencia. Simplemente aventurarnos en un proceso de transformación interior en el que la vida será nuestro único «campo de juego».

Esta propuesta nació de una «mirada». Observando nuestro entorno descubrimos que había realidades más difíciles que la nuestra, por lo que sentimos la necesidad de abrir nuestra experiencia a personas que pasan por periodos de crisis y que se enfrentan, por los motivos que sean, a una reestructuración profunda de sus vidas y del sentido de su existencia.

¿Se puede vivir plenamente cuidando día y noche a un enfermo? ¿Cómo se puede ser feliz en situaciones negativas y desesperanzadas? ¿Qué apoyos encontramos? A estas y otras muchas preguntas vamos a intentar dar respuesta en estas páginas por si pudieran ser de utilidad.

Desde la experiencia de cuidar a nuestro padre cada instante queremos compartir aquello que nos ha mantenido con vida y esperanza todo este tiempo, para embarcarnos juntos en la búsqueda de horizontes nuevos evitando que en nosotros se produzca el peor de los silencios: «el silencio de lo esencial».

¡Feliz aventura!

Mapa de ruta

Nuestra vida transcurría sin apenas sobresaltos; trabajo, ocio, familia y amigos eran satisfactorios. Pero en la Navidad llamó a nuestra puerta un huésped que demostraría que esta estampa no era totalmente real. Su nombre: «Una probable demencia tipo Alzheimer» que diagnosticaron a nuestro padre después de muchas pruebas y de una paulatina pérdida de facultades.

Al principio, no nos imaginábamos lo que esta escueta frase iba a significar. Ante su anuncio cada uno de la familia reaccionamos de forma diferente: unos ignorando al enemigo, otros de forma trágica, y hubo quien intentó minimizar su influencia diciéndose: «No será para tanto». Pero, poco a poco, la enfermedad se instaló en casa y se hizo uno más de la familia.

Seis años después seguimos cuidando a papá. Los momentos iniciales llenos de cambios, toma de decisiones, lágrimas, angustias, desconcierto y desconocimiento, han pasado y dado lugar a otro estado en el que todo es más lento, pausado y conocido, pero no por ello más fácil.

Ahora, en el ecuador del proceso, echamos de menos algunas recomendaciones que nos hubieran sido muy útiles en esos primeros días de desconcierto. Pero para ello tendríamos que haber acudido a un «hombre o mujer de fe», consulta poco habitual en nuestra sociedad, y él, desde su experiencia, nos habría abierto un nuevo horizonte: la obligación de toda persona de vivir plenamente dichosa en cualquier situación.

Desde que san Ireneo en el siglo III expresara que la gloria de Dios es la vida feliz del hombre, este principio ha inspirado toda la reflexión cristiana. Aunque en muchos momentos la felicidad parece una quimera, es ella la que, en cualquier circunstancia, debe guiar nuestros pasos.

Ese «hombre o mujer de fe» que debe acompañarnos en las situaciones de crisis lo hemos encontrado en Moisés y la experiencia del pueblo judío en su travesía desde la esclavitud en Egipto hasta la Tierra Prometida. Será nuestro modelo de liberación de todo aquello que nos hace daño, nos impide crecer, vivir en plenitud, nos supone servidumbre, dependencia, maldad, muerte…

Durante el mandato del Faraón Ramsés II el pueblo de Israel que vivía en Egipto sufrió una fuerte opresión. Ramsés era un gran entusiasta de las construcciones y se edificó una ciudad gracias al trabajo de los hebreos. La salida del pueblo hacia la libertad parece que se produjo durante el reinado de su hijo Merneptah.

Así como Moisés despertó a los judíos de su letargo haciéndolos conscientes de su esclavitud, la enfermedad de papá se manifestó como una potente lupa de aumento de nuestra interioridad, sacando a la luz lo que éramos en realidad.

Nos hemos atrevido a identificar con Moisés cualquier situación de crisis, enfermedad, accidente, fracaso, trauma emocional…, porque éstas nos ayudan a reconocer las esclavitudes en las que vivimos y nos empujan a partir en busca de una tierra mejor.

Pronto nos dimos cuenta de que nuestra personalidad no era lo madura que pensábamos y dejamos de echarle la culpa de todo lo que nos ocurría a la «enfermedad de papá». Sentimos la necesidad de comenzar un éxodo, un proceso de crecimiento, que nos hizo salir de nuestro Egipto personal, cruzar el Mar Rojo, nos guio por el desierto, nos ayudó a ganar batallas contra enemigos superiores y nos mostró un horizonte nuevo: la Tierra Prometida.

Damos por supuesto que ni la enfermedad ni ningún otro mal son queridos por nadie y menos por Dios. Pero es un hecho indudable que ninguno escapamos al destino de que, en un momento y de forma imprevisible, nuestra biografía pueda cambiar y nuestras esperanzas se vean malogradas o completamente destrozadas. Son situaciones en las que la vida dispone de nosotros y nos marca una dirección inapelable.

El progreso evolutivo de la creación, y por tanto del hombre, va siempre unido a un misterioso y cierto tributo de lágrimas. Sin embrago, creemos que, con la misma rotundidad, se puede afirmar que cada acontecimiento de la historia personal es portador de un sentido. Se trataría de un sufrimiento transformable en factor de humanización y plenificación.

Además de la experiencia del pueblo judío y de la nuestra, vamos a contar, en cada etapa, con otros dos anclajes: las enseñanzas de Jesús de Nazaret, el nuevo Moisés, y la sabiduría de los «Padres del desierto», antiguos monjes que buscaron la soledad y el silencio de los yermos y cuyas sentencias, «Apotegmas», nos transmiten el fruto de su lenta y larga maduración espiritual.

Padres del desierto

En cierta ocasión el discípulo de un anciano notable fue tentado de impureza. El anciano que veía su sufrimiento, le dijo:

—¿Quieres que ruegue al Señor para que te libere de tu lucha?

El discípulo le respondió:

—Padre, veo que estoy padeciendo mucho, pero siento también el fruto que saco de esta lucha. Por eso pide al Señor en tus oraciones que me dé fuerzas para resistir.

Y su abad le dijo:

—Ahora veo, hijo mío, lo mucho que has adelantado y que me has superado a mí.

DESCUBRIMOS NUESTRA ESCLAVITUD

PUNTO DE PARTIDA: ISRAEL EN EGIPTO

> *«Sucedió que por aquellos días salió un edicto de César Augusto ordenando que se empadronase todo el mundo. [...] Iban todos a empadronarse a su ciudad. Subió también José [...] a la ciudad de David, que se llama Belén, [...], para empadronarse con María, su esposa, que estaba encinta»* (Lc 2,1-5).

Aparece el sol en el limpio cielo de Egipto y el pueblo judío se levanta a trabajar. En su memoria aquella primera generación que emigró a esta tierra y de la que formó parte José, que llegó a ser ministro del Faraón. Sin embargo, ahora, con el nuevo rey se han convertido únicamente en mano de obra barata.

También para nosotros suena el despertador y tenemos que iniciar la labor diaria. En nuestro recuerdo la persona fuerte y resuelta que fuimos, pero ahora, con la enfermedad de papá, ¡cómo nos cuesta todo!

En cualquier aventura en grupo se fija un punto de partida para comenzar desde él. En nuestro caso no se encuentra lejos, no hay que tomar ningún medio de comunicación para llegar, se trata de nuestra realidad concreta y particular.

Aunque recorramos este itinerario juntos, cada uno vamos a partir de nuestra propia, rica, irrepetible y misteriosa existencia, donde se va a producir la auténtica revolución.

¿Cómo es mi vida?, ¿de dónde parto yo? Si tratas de responder estas preguntas —y sería bueno que lo intentaras— a lo mejor solo piensas en lo que haces y tienes: trabajo, familia, tiempo libre, bienes… Seguro que pocos nos vamos a fijar en cómo nos sentimos, nuestras motivaciones y proyectos personales, lo que podemos llamar: la vida interior.

San Agustín expresa su sorpresa ante esa realidad: «Salen los hombres a admirar la majestad de las cumbres, el caudaloso flujo de los ríos, el imponente vaivén de las olas; se admiran ante la inmensidad del océano y el callado fulgor de las estrellas; sí, pero de sí mismos se olvidan, y ningún pasmo les causa lo que son y tienen»[1].

También para Jesús la vida interior es crucial: «Como sucedió en los días de Noé, así será también en los días del Hijo de hombre, comían, bebían, tomaban mujer o marido, hasta el día en el que entró Noé en el arca; vino el diluvio […] Yo os lo digo: aquella noche estarán dos en un mismo lecho: uno será tomado y el otro dejado; habrá dos mujeres moliendo juntas: una será tomada y la otra dejada» (Lc 17,26-27.34-35).

A simple vista parece que todos hacemos lo mismo: comer, beber, trabajar; pero hay un elemento interno que se nos escapa y que hará que una existencia sea plena y la otra no.

Para saber dónde nos encontramos, tendremos que analizar tanto la vida interior como la exterior.

Conocernos no es tarea fácil. La mayor parte de nuestra personalidad no es percibida por nuestra consciencia, está oculta. Nos encontramos con diferentes círculos en el conocimiento de uno mismo: «la imagen o careta», con la que nos mostramos y relacionamos; «nuestro secreto», que es lo que nos guardamos; «la sombra», que aun formando parte del inconsciente es percibida por los cercanos; y, por último, se encuentra el gran mar de lo desconocido, el «inconsciente profundo». Y todavía nos faltaría adentrarnos

---

[1] San Agustín. *Las Confesiones, Libro X, Cap. VIII, N.6.*

en el espíritu, en nuestra alma que se asemeja y comunica con Dios.

Si percibir el ser interior es aventura ardua, nuestro mundo exterior no se queda atrás. Estamos tan inmersos en el quehacer cotidiano que no nos damos cuenta de la opresión en la que nos movemos, de la pobreza de nuestro comportamiento, de las esclavitudes a las que estamos sometidos.

Las vidas que llevamos son vulgares, templadas —ni frías ni calientes—, llenas de parches para seguir tirando, repletas de banalidades, de miedos e inseguridades, de violencia, vicios y angustia. Es una realidad que denominamos «objetiva», pero que se encuentra a merced de cómo nos sentimos en cada instante. Hay días en que somos felices y el mundo parece maravilloso y otros, que no nos soportamos y entonces se convierte en un lugar inhabitable.

Los psiquiatras han encontrado numerosos mecanismos psíquicos que, en situaciones angustiosas de crisis como la nuestra, distorsionan los acontecimientos. Freud y su hija Anna señalaron unos cuantos: la negación, el olvido motivado, el desplazamiento, la proyección, la sublimación, que hoy son de uso común en cualquier conversación: «Lo que te ocurre es que estás proyectando tu mal humor en....», «Te niegas a aceptar que...», «No quieres ver lo que está sucediendo...».

Advertida la dificultad que entraña conocer de dónde partimos cada uno, vamos a indagar de dónde lo hizo el pueblo judío: ¿cómo era su vida en Egipto?

Su situación favorable cambió cuando el nuevo Rey dijo a su gente —como a escondidas—: «Mirad, los israelitas son un pueblo más numeroso y fuerte que nosotros. Tomemos precauciones contra él para que no siga multiplicándose» (Ex 1,8).

Entonces los capataces les aumentaron los trabajos, pero ellos no se rebelaron, solo resistieron. No eran conscientes de su opresión, se hallaban en un estado de adormecimiento y letargo: «Les impusieron, pues, capataces para aplastarlos bajo el peso de duros trabajos [...] Pero cuanto más les oprimían, tanto más crecían y se multiplicaban [...] Y redujeron a cruel servidumbre a los israelitas, les amargaron la vida con rudos trabajos de arcilla y ladrillo, con toda suerte de labores del campo y toda clase de servidumbre que les imponían por crueldad [...] Pero el pueblo se multiplicó y se hizo muy poderoso» (Ex 1,11-20).

Los hebreos crecieron durante las adversidades, pero no fue un desarrollo en calidad, sino solo en cantidad. Se hicieron fuertes soportando las calamidades, pero eso no era todo lo que Dios quería de ellos, deseaba algo más: un pueblo libre y dichoso.

Resistir es lo contrario de avanzar. Cuando «soportamos» no hay movimiento, no hay búsqueda, solo aguantamos: la respiración, la energía. También en nuestra vida, y aunque aumenten mucho las esclavitudes; intentaremos, como sea, taparlas, aligerar la carga mediante entretenimientos y compensaciones. Nos contentaremos con sobrellevar las adversidades y, ante las dificultades de cada historia personal, hasta nos haremos más fuertes; pero esto no es lo que Dios quiere de nosotros, desea que en cualquier circunstancia seamos atrevidos y busquemos nuestra plena felicidad.

Para despertar vamos a necesitar un «libertador», un líder, un catalizador, una luz que nos haga ver con claridad lo que somos. El pueblo judío lo encontró en la figura de Moisés. En nuestros días, lo podemos hallar bajo diferentes realidades y formas. Una de ellas es la que solemos denominar «crisis»: de madurez, vocacional, económica, laboral, espiritual, un imprevisto de la vida, un fracaso, un proceso de envejecimiento, una enfermedad propia o de un ser querido...

Shantideva nos alerta: «Tener un enemigo (una crisis) es como poseer un tesoro oculto en nuestra propia casa sin haber realizado esfuerzo alguno por conseguirlo. Debemos cuidar a nuestros enemigos, porque ellos constituyen la mejor ayuda en el camino que conduce a la iluminación»[2].

Otro requisito para «activarse» es tener una meta. Es difícil caminar sin saber a dónde vamos. Esto solo es posible durante un pequeño paseo, pero para grandes expediciones necesitamos un objetivo. Por esto Dios promete una tierra mejor —La Tierra Prometida, tierra que mana leche y miel—, un destino que nos hará conscientes de nuestra realidad de esclavos y de la necesidad de salir de esta situación.

Pero no quememos etapas, sigamos nuestro camino paso a paso.

Padres del desierto

San Serapio, yendo de peregrinación, visitó a una famosa eremita que vivía en una pequeña habitación de la que no salía nunca. Él, que erraba siempre por valles y montes, no comprendía esa forma de vida y le parecía absurda. Cuando se encontró ante ella le preguntó: "¿Qué haces ahí sentada todo el tiempo? Ella le respondió: "No estoy sentada, estoy en camino".

---

[2] Shantideva es un importante maestro budista indio (687-763 d. C.)

El siglo IV, en el orbe cristiano, estuvo marcado por una fuerte llamada a dejar la morada —a la manera de Abraham—, el ruido del mundo y dedicarse a escuchar solo a Dios.

Muchos son los que parten a los desiertos de Oriente Medio en busca de la salvación, la perfección, la paz.

Estos hombres y mujeres osan descender al misterio interior o, desde otro punto de vista, ascienden a la montaña de adentro.

En la soledad se descubren portadores en sí mismos del universo, un microcosmos que contiene al macrocosmos.

El DIAGNÓSTICO: JUVENTUD Y VOCACIÓN DE MOISÉS

«Nacido Jesús en Belén de Judá, en tiempos del Rey Herodes»
(Mt 2,1).

El pueblo judío ha pasado de ser aliado del Faraón a ser visto como potencial enemigo. Pero el proceso ha sido lento, ha durado varias generaciones y nadie parece notar lo que ha ocurrido.

¿Cómo tomarán consciencia de su nueva situación? Gracias a una persona, Moisés. Él, aun siendo judío, se encuentra a cierta distancia de los suyos —es educado por los egipcios— y esto le permite captar mejor la realidad.

Es sorprendente cómo podemos encontrar similitudes entre el nacimiento de Moisés y la llegada de una crisis existencial a nuestras vidas.

Ambas surgen de forma insidiosa, oculta, casi nadie nota su aparición hasta que se les pone nombre: «Un hombre de la casa de Leví fue a tomar por mujer una hija de Leví. Concibió la mujer y dio a luz un hijo; y viendo que era hermoso lo tuvo escondido durante tres meses. Pero no pudiendo ocultarlo ya por más tiempo

(existía la obligación de echar al río a todo varón judío recién nacido), tomó una cestilla de papiro, la calafateó con betún y pez, me-
tió en ella al niño, y la puso entre los juncos, a la orilla del río» (Ex
2,1-3).

También nosotros asistimos al anuncio de un acontecimiento
nuevo:

*Hermanos Álvarez: Hacía tiempo que sospechábamos que algo te ocu-
rría (papá), que no marchabas bien. Pero fue en este último año cuando
notamos algunos cambios en tus hábitos que nos desconcertaron. Eras
un buen aficionado a las cartas, siempre tuviste tu grupo de la «partidi-
ta» —así lo llamábamos— y, de repente, lo dejaste sin dar ninguna
explicación. También evitabas salir a la calle y pasabas días completos
en el despacho rodeado de papeles y revisando los viejos libros de conta-
bilidad.*

*Percibimos una importante merma en tus facultades mentales.
También tú notaste que algo te pasaba; sobre todo, por la dificultad en
la realización de operaciones aritméticas sencillas. Estabas preocupado.*

*La demencia, en poco tiempo, de tu hermana, a la que diagnostican
de Alzheimer, nos hace recapacitar y te llevamos al mismo neurólogo.
Éste, tras hacerte pruebas para descartar otras enfermedades, nos manda a una psicóloga para que te realice algunas pruebas. Cuando le llevamos los resultados, el caso le parece claro: se trata de una probable enfermedad de Alzheimer.*

*¡Ay! papá, la temida enfermedad; solo con oírla los pelos se ponen
de punta. ¡Alzheimer! palabra tabú, llena de sufrimiento, pánico, angustia, ignorancia. Vocablo que, al principio, no entró en nuestras vidas
—seguíamos con la actividad normal—, pero que, poco a poco, fue ex-
tendiendo sus raíces invadiéndolo todo.*

Los anuncios pueden revestir diferentes formas, aunque el fondo y las consecuencias son muy similares:

Una enferma de Sida: Cuando me dijeron que tenía el SIDA, el verano pasado, reaccioné con una frialdad total, como si la cosa no fuera conmigo. Me vi como habría contemplado a una actriz desde el patio de butacas: dispuesta a encarnar la imagen de la serenidad perfecta hasta el final.

Un enfermo de cáncer: Después de esperar mucho tiempo los resultados de las pruebas, me comunicaron que tenía un tumor maligno. No podía creer que me pasara una cosa así a mí, y justo en este momento de mi vida, con tantos proyectos en curso.

Una religiosa en crisis: Toda una vida de fe volcada en el servicio a los demás y ahora me siento vacía, cansada, sin fuerza, como si mi existencia fuera una comedia, una farsa.

Santa Teresita: Permitió (el Señor) que mi alma se viese invadida por las más densas tinieblas y que el pensamiento del cielo tan dulce para mí no fuese ya más que motivo de combate y tormento. Quisiera poder expresar lo que siento, pero ¡ay de mí!, creo que es imposible. Es necesario haber caminado por este sombrío túnel para comprender su oscuridad.[3]

Hemos recogido las primeras reacciones ante palabras tan terribles como: cáncer, Alzheimer, SIDA, vacío, oscuridad. Éstas pasan por la frialdad extrema, la indiferencia, la incredulidad, el dramatismo…

---

[3] Teresa de Lisieux. *Obras completas,* Ed. Monte Carmelo, Burgos (1984).

¿Qué te provocó a ti el anuncio de…? ¿Qué miedos emergieron? Es importante recordarlos, ya que nos proporcionan pistas para conocernos.

En los inicios de las crisis es importante mantenernos vigilantes, porque es esencial detectar, lo antes posible, los cambios que se producen en nosotros.

Las diferentes respuestas al anuncio dependen de las características biográficas, culturales, sociales, psicológicas, de cada uno. Pero siempre hay algo común: nos cuestionamos el sentido que dábamos a la vida.

El siguiente paso es ponerle un nombre, resumir en una palabra lo que nos está ocurriendo.

Nosotros, al principio, no sabíamos muy bien qué era el Alzheimer y nos preguntábamos: ¿de dónde viene?, ¿quién nos lo envía?, ¿por qué?, ¿acabará matándonos a nosotros también?

Hermanos Álvarez: El deterioro de papá era claro, pero nuestras mentes primero se resistieron a aceptarlo y después intentaron suavizarlo: «No todos los casos evolucionan igual, cuanto mayor es la persona, el pronóstico es mejor».

Nuestro desconocimiento respecto al Alzheimer era grande. No sabíamos, ni nadie nos decía exactamente, cómo se iba a desarrollar ni lo que conllevaría. En esos momentos, no queríamos hablar del tema; incluso teníamos un miedo inconsciente a pronunciar su nombre.

Hasta el verano, nuestra vida familiar no experimentó cambios significativos. Continuamos con nuestro ritmo anterior. En ese contexto, la enfermedad solo la vivíamos en el silencio de la mente y el corazón como una espada de Damocles amenazando con caer sobre nosotros al menor descuido.

Después del alumbramiento del «acontecimiento imprevisto» viene su crecimiento.

Moisés se hace mayor y «molesta» a sus hermanos hebreos: «En aquellos días, cuando Moisés ya fue mayor, fue a visitar a sus hermanos y comprobó sus penosos trabajos; vio también como un egipcio golpeaba a un hebreo, a uno de sus hermanos. Miró a uno y a otro lado, y no viendo a nadie, mató al egipcio y lo escondió en la arena. Salió al día siguiente y vio a dos hebreos que reñían. Y dijo al culpable: "¿Por qué pegas a tu compañero?" Él respondió: "¿Quién te ha puesto de jefe y juez sobre nosotros? ¿Acaso estás pensando en matarme como mataste al egipcio?"» (Ex 2,11-14).

La misión de Moisés no es aceptada por los suyos y tiene que huir al país de Madián. No le reconocen más que como causa de problemas, no están preparados para captarlo como oportunidad. Moisés sufre un periodo de espera y maduración cuidando, durante muchos años, del rebaño de ovejas de su suegro.

Mientras tanto algo ha cambiado en el pueblo judío. Quizás gracias a la primera intervención de Moisés se han dado cuenta de su situación de esclavitud: «Los israelitas, gimiendo bajo la servidumbre, clamaron, y su clamor, que brotaba del fondo de su esclavitud, subió a Dios. Oyó Dios sus gemidos» (Ex 2,23-24).

También la enfermedad de papá se fue desarrollando, manifestando toda su virtualidad y sufrimos sus rigores, sus sin sentidos, su angustia. Pero también intuimos una voz que en nuestro interior que nos susurraba lo que el Señor le dijo a Moisés: «Bien vista tengo la aflicción de mi pueblo en Egipto y he escuchado su clamor en presencia de sus opresores, pues ya conozco sus sufrimientos. He bajado para librarle de la mano de los egipcios y para subirle de esta tierra a una tierra buena y espaciosa; a una tierra que mana leche y miel» (Ex 3,7-8).

Padres del desierto

Un hermano preguntó a un anciano:

—¿Hay algo bueno para que yo haga y viva en ello?

Y el anciano le respondió:

—Solo Dios sabe lo que es bueno. Sin embargo, he oído decir que un Padre había preguntado al abad Nisterós el Grande, el amigo del abad Antonio: ¿Cuál es la obra buena para que yo la haga? Y él respondió: ¿Acaso no son todas las obras iguales? La Escritura dice: Abraham ejercitó la hospitalidad y Dios estaba con él. David era humilde y Dios estaba con él. Por tanto, aquello a lo que veas que tu alma aspira según Dios, hazlo, y guarda tu corazón.

En las celdas y cuevas del desierto bulle un especial fervor: se acerca un neófito.

La vida monástica comenzaba cuando el candidato abordaba a un venerable anciano y le solicitaba una respuesta a las inquietudes de su ser. Las palabras recibidas orientaban su práctica.

Todos los apotegmas responden, en el fondo, al interrogante: ¿cómo me salvaré?, que hoy podríamos traducir por: ¿cómo seré feliz? En esta pregunta había implícito un grito, un desgarro, que hoy no es habitual: ¡Dime una palabra, que perezco! Había una energía desnuda que necesitaba conocer el camino más corto y seguro, no había tiempo para rodeos y especulaciones.

¡CRISIS!: LAS PLAGAS DE EGIPTO

«El Ángel del Señor se apareció en sueños a José y le dijo: "Levántate, toma contigo al niño y a su madre y huye a Egipto; y

estate allí hasta que yo te diga. Porque Herodes va a buscar al niño para matarle". Él se levantó, tomó de noche al niño y a su madre, y se retiró a Egipto; y estuvo allí hasta la muerte de Herodes; para que se cumpliera el oráculo del Señor por medio del profeta: De Egipto llamé a mi hijo» (Mt 2,13-15).

La vida se halla en constante movimiento y ante una situación que cambia bruscamente nuestro destino, vivimos una experiencia de desierto, vacío, desconcierto, oscuridad.

La enfermedad o cualquier situación de crisis conlleva unos cambios traumáticos, un choque emocional, que imprime una profunda huella en nosotros de manera que ya nada va a ser igual que antes.

Hermanos Álvarez: En septiembre, Mamá nos llama llena de angustia:

—Tu padre no está nada bien.

—¿Qué le pasa?

—Hace cosas muy raras y me ha dado varios sustos al perderse en la playa y aparecer muy tarde y despistado.

Cuando llegamos, te encontramos raro, con una expresión de cara muy extraña y a mamá con lágrimas en los ojos. Es entonces cuando comenzamos a tomar consciencia real de la enfermedad y sus repercusiones.

A partir de las pérdidas de orientación en Gandía te acompañamos a todos los sitios y aceptas, no siempre dócilmente, no salir solo. Además, necesitas ayuda para todo: ir al baño, ducharte, comer…

No dormías nada bien, solías estar muy agitado, con los ojos abiertos, mirando un no sé qué. Por eso, cuando llegaban las noches nos invadía la angustia, no solo a ti, sino a todos nosotros. Te pasabas gran parte de estas tocando las cortinas de la habitación, las colchas, las pa-

redes, los objetos… Esto resultaba insoportable. Y lo hacías porque, al parecer, veías animalitos y figuras extrañas.

En noviembre, te operaron de cataratas. En los primeros días después de la intervención no se produjo el temido bajón; pero, al poco tiempo, el deterioro fue más que visible y caíste en picado.

Seguían las alucinaciones y, además, parecía como si se te hubiera olvidado caminar, tragar, y apenas entendías lo que te decíamos. Perdiste totalmente el apetito y el tono físico era muy bajo. La gente, cuando te veía, se quedaba asustada y nos preguntaban con su mirada o sus palabras: «Pero ¿qué le ha pasado?, ¡y en tan poco tiempo!»

¡Qué otoño pasamos!, papá. No querías hacer nada, ni ver a nadie. Andar te costaba un gran esfuerzo e ibas muy encorvado y casi tambaleándote de lado a lado. Estábamos muy preocupados, pero no parecía que hubiera remedio.

Santa Teresita de Lisieux: Madre día amadísima, tal vez os parezca que exagero mi prueba […] Y, sin embargo, la fe no es ya un velo para mí, es un muro que se alza hasta los cielos y cubre el firmamento estrellado… Cuando canto la felicidad del cielo, la eterna posesión de Dios, no experimento alegría ninguna, porque canto simplemente lo que quiero creer. Algunas veces, es verdad, un pequeño rayito de sol viene para esclarecer mis tinieblas; entonces la prueba cesa por un instante. Pero luego, el recuerdo de este rayo de luz, en lugar de causarme gozo, hace más densas mis tinieblas[4].

San Agustín: ¡Oh dios, esperanza mía desde la juventud! ¿Dónde estabas entonces para mí, a dónde te habías retirado? ¿No eras Tú mi Creador?, el que me había distinguido de los cuadrúpedos y los volátiles? Más sabio que ellos me hiciste; y, sin embargo, andaba yo resba-

---

[4] Teresa de Lisieux. *Obras completas*, Ed. Monte Carmelo. Burgos (1984).

Para hacer frente a estos cambios dramáticos no nos van a servir las «herramientas» que hasta ese momento nos habían dado buen resultado.

La entrada en lo desconocido —crisis— va a ir cargada de miedo e inseguridad. A estos sentimientos hay que añadir el «dolor real» que nos trae la nueva situación: malestar, cansancio, estrés, irritabilidad, insomnio, falta de tiempo…, y el sufrimiento producido por el rechazo e incomprensión de lo que nos ocurre.

En principio, ninguna crisis, por si sola, se constituye en liberadora de nada. Todo lo contrario, es una limitación, una calamidad, una tragedia humana, contra la que hay que luchar con fuerza. Sin embargo, al cuestionar nuestras seguridades, los puntos de apoyo, dan lugar al nacimiento de muchas preguntas. Quizás en esto radica su potencial salvífico. El principal interrogante que nos abren es sobre la posibilidad de seguir siendo felices en ellas.

Para dar respuesta a esas cuestiones se impone partir, buscar, salir. Sin embargo, lo primero que encontramos en nosotros es algo que nos paraliza y no quiere darle ninguna oportunidad al acontecimiento imprevisto doloroso.

Esta parálisis que llevamos dentro, en el caso del pueblo de Israel está representada, simbólicamente, por el Faraón. Existe una resistencia firme y tenaz del mismo a dejar salir a los israelitas en pos de su libertad y realización.

El Faraón intenta que las cosas sigan igual, con las menos variaciones posibles. Desea aguantar, que no se le marche el pueblo que

---

[5] San Agustín. *Confesiones*, Ed. Paulinas.

asegura con su trabajo sus ganancias y su estatus social: «Se presentaron Moisés y Aarón a Faraón y le dijeron: "Así dice Yahveh, el Dios de Israel: Deja salir a mi pueblo para que me celebre una fiesta en el desierto": Respondió Faraón: "¿Quién es Yahveh para que yo escuche su voz y deje salir a Israel?" [...] Aquel mismo día Faraón dio esta orden a los capataces del pueblo y a los escribas: [...] "Que se aumente el trabajo de estos hombres para que estén ocupados en él y no den oídos a palabras mentirosas"» (Ex 5,1-9).

Va a librarse una gran batalla, una lucha a muerte entre el acontecimiento traumático, con su misterio oculto, y la pereza e inercia para cambiar de vida. Es el enfrentamiento que mantuvo Moisés contra el Faraón y que necesitó ¡diez plagas! para poder surtir efecto. Éstas se sucedieron como llamadas apremiantes a la renovación, signos que querían servir de advertencia: el agua convertida en sangre, la invasión de ranas, mosquitos, tábanos, el granizo... No obstante, el Faraón seguía obstinado en no reconocer en estas señales una necesidad de rectificar.

Durante todos los capítulos del libro del Éxodo en los que se relatan las plagas se repite, como un estribillo, el endurecimiento del corazón del Faraón: «Sin embargo el corazón de Faraón se endurecía» (Ex 7,13.22; 8,11.15.28; 9,7.35). «El corazón de Faraón es obstinado, se niega a dejar salir al pueblo» (Ex 7,14).

¿Por qué no deja salir a los israelitas? Porque está feliz con la situación previa, es rico y poderoso y está cegado por la necesidad de seguridad que ellos le proporcionan. Descubre, de pronto, que una parte de «su pueblo» quiere más libertad, pero eso le acarrea sufrimiento y no puede permitir que emprendan un camino de liberación. Tiene que llegar algo definitivo, la décima plaga —la muerte de los primogénitos—: «Y morirá en el país de Egipto todo primogénito» (Ex 11,5) para cambiar.

Para dejar partir a los hebreos tuvo que morir algo en el Faraón: su hijo.

También nosotros, para poder salir de nuestro «Egipto personal» y ponernos en camino tenemos que esperar a que llegue la décima plaga: la muerte de «nuestro hijo», aquello que nos pertenece, lo más querido: nuestra seguridad, nuestras ideas; en definitiva, toda nuestra antigua vida. Y este es un proceso muy doloroso: «Hubo gran alarido en Egipto» (Ex 12,30).

Quizás haya en los Evangelios una escena muy gráfica para comprender lo que supone esta muerte. Es el pasaje de Jesús en la sinagoga de Cafarnaúm. Allí encuentra a un hombre con un espíritu inmundo que se puso a gritar: «¿Qué quieres de nosotros Jesús Nazareno? ¿Has venido a acabar con nosotros? Sé quien eres: el Santo de Dios. Jesús lo increpó: ¡Cállate y sal de él! El espíritu inmundo lo retorció y, dando un grito muy fuerte, salió» (Mc 1,24-26). Es un verdadero retorcimiento de la persona sin el cual no puede salir de sí misma.

Nosotros también tuvimos nuestras plagas particulares que nos obligaron a partir, porque seguir igual se hacía imposible.

Hermanos Álvarez: No consigo centrarme ni concentrarme; no sé qué pensar, lo que está bien y lo que está mal, lo que es bueno para ti y para los demás; no sé qué piensas o qué sientes, ni qué piensan o sienten los demás —los que te rodeamos—; no sé cómo les afecta esta situación a mis hermanos, ni cómo puedan sentirse mis hijos y en qué medida pueda interferir en sus vidas. Tampoco sé qué pasará con mamá, cuánto tiempo se puede estar en una situación así sin sentir sus efectos en la salud física o mental.

A veces creo que si se tratara de otro tipo de enfermedad habría sido más fácil. Cuando la cabeza está bien parece que todo es más llevadero.

La simple tarea de dar la medicación resulta insoportable si el paciente no quiere tomarla; alimentarle correctamente se hace un mundo si no se colabora; en resumen, una lucha constante en la que no se ven resultados y que parece no tener fin.

Creo que lo peor de esta situación es la incertidumbre que me provoca, la obsesión que me produce. Durante el día no puedo dejar de pensar en cómo estarás en ese momento. Me he dado cuenta de que llamo por teléfono compulsivamente hasta que consigo hablar con alguien; si te he visto poco antes y te encontrabas bien, siento pánico de que me comuniquen que has empeorado; y si me dicen que estás bien, me digo que, a lo mejor, no es cierto, que me están engañando.

Ahora no encuentro las fuerzas necesarias, no me apetece reír. Algunas veces voy en el coche y me pongo a llorar sin saber por qué; bien es cierto que únicamente me lo permito cuando estoy sola. Con los demás intento seguir igual que antes. Este esfuerzo me va consumiendo poco a poco y no sé qué hacer, cada vez tengo más dolores de cabeza que no se me pasan con nada y no creo que la solución sean unos medicamentos; el remedio se encuentra en otra parte, pero no sé dónde.

Etty Hillesum: El cúmulo de sufrimiento humano que se ha ofrecido a nuestros ojos durante los últimos seis meses, y que sigue ofreciéndose cada día, supera, con mucho la dosis asimilable por un individuo durante ese mismo periodo. Por eso oímos repetir a nuestro alrededor todos los días y en todos los tonos: «No queremos pensar, no queremos sentir, queremos olvidar lo más pronto posible». Hay en ello un grave peligro, porque lo que importa no es seguir vivo a cualquier precio, sino el modo de seguir vivo. A veces me parece que toda situación nueva, sea mejor o peor, lleva en sí la posibilidad de enriquecer a la persona con nuevas intuiciones. Ya sé que no es sencillo [...] pero nuestras vidas, precipita-

das fuera de su itinerario natural ¿no podrían aventurar un progreso verdaderamente nuevo?[6].

Salmo 88: Mi alma de males está ahíta y mi vida está al borde del abismo [...] Soy como un hombre acabado [...] Echado en lo profundo de la fosa, en las tinieblas, en los abismos [...] Cerrado estoy y sin salida [...] Desdichado y agónico estoy desde mi infancia, he soportado terrores y ya no puedo más [...] Mi compañía son las tinieblas.

San Agustín: Sucedió que, a la vuelta de pocos días y estando yo ausente, cayó nuevamente enfermo mi amigo y falleció. El dolor ensombreció mi corazón y cuanto veían mis ojos tenía el sabor de la muerte. Mi patria era mi suplicio, la casa paterna era una inmensa desolación, y todo cuanto había tenido en comunión con él era para mí un tormento inenarrable, todo me parecía aborrecible, porque en nada estaba él[7].

Padres del desierto

El abad Abraham, discípulo del abad Agatón, preguntó al abad Pastor:

—¿Por qué me atacan de esta manera los demonios?

Y le contestó el abad Pastor:

—¿Te atacan los demonios? Los demonios no nos atacan cuando hacemos nuestra propia voluntad, porque nuestra voluntad entonces se ha identificado con la de los demonios y ellos nos empujan a cumplirla. ¿Quieres saber con quién luchan los demonios? Con Moisés y los que se parecen a él.

---

6 Etty Hillesum. *Un itinerario espiritual, Ámsterdam 1941-Auschwitz 1943*, Ed. Sal Terrae (1999), p. 180.
7 San Agustín. *Confesiones, Lib IV, cap. IV, nº 3.*

Apenas abandonamos los requerimientos del mundo exterior y nos instalamos en nuestra celda, va a comenzar un increíble combate cuerpo a cuerpo contra nosotros mismos. Un desconocido, hasta ahora, universo interior aflora con diversidad de aspectos y formas que parecen tener existencia propia: pensamientos reiterativos, obsesiones, deseos, pasiones...

La paz y la luz que intuimos, y que se van despertando en nuestro ser profundo, pugnan con el superficial «ego» que tiende a repetir las pautas con las que se ha ido construyendo. Aparecen así demonios con aspecto de impureza, vanagloria, pereza, inconstancia, egoísmo, voluntad propia...

La lucha consiste en acallar el parloteo de la mente —los demonios— para escuchar la voz de Dios en lo más profundo y silencioso de nuestro corazón. Es esa luz la que nos permite conocer la oscuridad en la que nos movemos.

NOS PONEMOS EN MARCHA: EL PUEBLO DE ISRAEL SALE DE EGIPTO

«Muerto Herodes, el Ángel del Señor se apareció en sueños a José en Egipto y le dijo: "Levántate, toma contigo al niño y a su madre y ponte en camino de la tierra de Israel; pues ya han muerto los que buscaban la vida del niño"» (Mt 2,19-20).

Tenemos que ponernos en camino, pero ¿hacia dónde? Es preciso pararnos, decidir qué rumbo tomar. Por desgracia, en muchas ocasiones nos dejamos arrastrar por el día a día y nos sentimos empujados a movernos sin antes reflexionar.

Las direcciones que emprendemos en estos momentos de crisis son muy variadas: podemos buscar sentido a la nueva situación o negarle cualquier significado o hundirnos en la pena del «me ha tocado» o acudir a los fármacos para ir tirando… Nadie es quién para juzgar posturas de desinterés, abandono, rechazo, desesperación, rebeldía; eso pertenece al misterio de cada hombre, a su conciencia, a ese lugar profundo de decisiones personales.

Pero lo cierto es que también en esas situaciones dramáticas mantenemos la libertad interior de acoger la solución fijada por el destino. Conservamos la capacidad de aceptar la nueva orientación de nuestra existencia mediante una decisión personal que elige valerosamente asumir las intervenciones que se presentan inapelables.

También para el pueblo de Israel ha llegado el momento decisivo. Después de tantas incertidumbres, desconciertos y dolor, ha escuchado las palabras del Faraón: «Levantaos y salid de en medio de mi pueblo [...] El mismo día que se cumplían los cuatrocientos treinta años, salieron los israelitas de la tierra de Egipto» (Ex 12,31.41).

Podríamos pensar que lo peor había pasado; sin embargo, pronto empiezan las contrariedades.

No pueden ir por el camino más corto, sino que deben dar un gran rodeo por el desierto del mar de Suf para evitar el ataque de los filisteos: «Cuando el Faraón dejó salir al pueblo, Dios no los llevó por el camino de la tierra de los filisteos, aunque era el más corto; pues se dijo Dios: "No sea que, al verse atacado, se arrepienta el pueblo y se vuelva a Egipto"» (Ex 13,17).

Pero, sobre todo, se encuentran ante una dificultad que parece ser definitiva e insuperable: de nuevo la oposición del Faraón: «Tomó seiscientos carros escogidos y todos los carros de Egipto, montados por sus combatientes [...] Y persiguió a los israelitas

[...] Y les dieron alcance mientras acampaban junto al mar» (Ex 14,7-9).

Tenemos al Faraón desplegando su poder militar, su fuerza. Los israelitas están encerrados, sin salida. Por un lado, el enorme ejército de los egipcios que quiere llevarlos de nuevo a la esclavitud; por otro, el mar, que aparentemente les cierra el paso. A ambos lados solo aparece la muerte como destino final.

En esta situación parecen legítimos el miedo, la queja y querer volver a la situación anterior. El pueblo de Israel se enfrenta a Moisés con palabras muy duras: «¿Acaso no había sepulturas en Egipto para que nos hayas traído a morir en el desierto? ¿Qué has hecho con nosotros sacándonos de Egipto? ¿No te dijimos claramente en Egipto: Déjanos en paz, queremos servir a los egipcios porque mejor nos es servir a los egipcios que morir en el desierto?» (Ex 14,11-12).

Los israelitas viven la realidad más grave de su historia. Se sienten defraudados y engañados, sin expectativas. Las cosas han ido a peor y es mayor que nunca el anhelo de volver atrás, a Egipto; lo que sea para escapar de la muerte.

Sin embargo, y de forma insospechada, se disponen a cruzar el mar ¿Qué los llevó a tomar esta decisión?

Quizás el cambio de perspectiva. En un momento determinado son capaces de ver el mar no en su dificultad, sino en su posibilidad de salvación. Se abre una esperanza y el pueblo se puede situar ya, anticipadamente, en la otra orilla, en la libertad.

Vistas las cosas superficialmente eran tremendamente negativas, pero observadas en su profundidad, en su realidad total, cambian, y donde se veía destrucción ahora resplandece vida.

En todas las crisis existe, también, el «mar de Suf». Si decidimos cruzarlo tendremos que arriesgarnos por el desierto y no podremos dar marcha atrás. Si no lo atravesamos volveremos a nuestra anterior vida, no aceptaremos el reto que la vicisitud nos ha lanzado y seguiremos negociando y «comiendo migajas».

La clave en el trato con la crisis es tomar una decisión consciente y positiva de aceptación y crecimiento y recordarla constantemente como lucero que ilumina el camino.

Habrá que vencer al «Faraón», esa parte de nosotros que nunca va a entender el valor salvífico y liberador del «conflicto» y que, cada poco, va a resurgir con ímpetu intentando volver al punto de partida. Esto es lo que diferencia un proceso de crecimiento y búsqueda de uno de sufrimiento, decepción y muerte.

Tenemos que decirnos internamente: «Quiero seguir esta dirección, y lo quiero hacer, porque me va a conducir a una vida más plena». Para ello no podemos dejarnos llevar por la irreflexión, el qué dirán, la moral, lo cómodo; tenemos que preguntar a nuestro ser más profundo y escuchar su respuesta.

Nosotros también optamos por cruzar el mar de Suf y dar cabida a la enfermedad de papá en nuestras vidas permitiéndola ocupar todo el lugar que reclamaba. Esto nos produjo una serie de transformaciones físicas, psicológicas y espirituales.

¿Por qué elegimos esa opción? Echando la mirada atrás descubrimos que fue el amor a papá la motivación primera y profunda de nuestra decisión. Seis años después, llenos de dificultades, seguimos pensando que hemos elegido la mejor parte y creemos que esta situación, aparentemente negativa, no carece de sentido y que ha sido capaz de renovarnos muy positivamente.

En ese escenario desesperado y en un instante preciso brotó, como agua refrescante, una certeza: que comenzaba para nosotros algo nuevo y diferente, y un vasto panorama lleno de esperanza se extendió a nuestros pies. Fue cuando empezamos a intuir que esta realidad, como todas, tenía algo que enseñarnos.

Hermanos Álvarez: En este comienzo del verano, parece que me reencuentro conmigo. Durante el pasado año no era yo, no estaba conectado con mi ser interior y sin esta especial relación sobrevivo, pero no vivo.

Hay dos ideas que han sido los cimientos y el marco en el que me he movido hasta ahora. La culpa de mi deterioro la tiene exclusivamente la nueva situación de mi vida y otra, aunque puede ser una consecuencia de la anterior, es que no puedo hacer nada para salir de este estado.

El punto clave puede hallarse en aceptar, asumir como misión, vocación, esta realidad; pero no por imposición, cobardía o dejadez, sino por amor y convicción. ¿Cambia por ello la realidad? Pues quizás no; pero sí el modo de percibirla.

En mi caso, creo que lo fundamental para convivir con esta enfermedad es mantener la libertad y la valentía suficientes para cuidar a papá y, al mismo tiempo, dar plenitud a mi vida, a nuestras vidas. No debemos darle a la enfermedad, además de la existencia de papá, también las nuestras. ¡Qué difícil nos va a ser este equilibrio! ¡Qué grandes dosis de independencia y fuerza serán necesarias!

Hacer del cuidarte mi vocación, crecer y ser feliz en esta situación, seguir buscando, esperando, viviendo. ¿Es posible todo esto? Vivir y cuidarte o cuidarte y vivir o cuidándote vivir o vivir cuidándote. ¿Cómo articular ambas necesidades? ¿Y qué será cuando lleve así cuatro, cinco o doce años como muchos otros casos que conocemos?

Vivir en plenitud es una obligación para con nosotros y para la felicidad de los demás. ¿Qué mayor estímulo que ver contentos a los que nos rodean?

Creo que lo que varía no es la vida, sino lo que hacemos en ella, que es muy distinto. Por no entender esta diferencia sufrimos grandes traumas ante los acontecimientos inesperados y desconcertantes.

Hay que modificar lo que se hace, la orientación que uno pensaba dar a su existencia, el proyecto personal. Pero la vida no es lo que se hace. De pronto se cierra una puerta de la habitación y pensamos que ha desaparecido toda la sala.

Quizás el fallo esté en pensar que lo importante es lo que hacemos. Entonces sí, ante estos acontecimientos traumáticos uno se encuentra perdido y sin rumbo. Y vienen el vacío, la angustia, el rechazo y el desconcierto y, sobre todo, el miedo y uno se pregunta ¿qué va a ser ahora de mí? Nos resistimos a dejar lo que tenemos entre manos y buscamos eludir el problema y ocultarlo.

Ahora intento sacar partido de la nueva situación. Existe el peligro de dejarnos atrapar por las circunstancias y no responder de forma creativa, sino quedarnos en una especie de apatía, como una muerte lenta, una inercia que oscurece toda esperanza y actividad, sin proyección de futuro.

En la trastienda de todos estos «acontecimientos» hay un personaje que está moviendo los hilos de forma oculta y que va poco a poco perfilando su rostro. De momento es muy difícil ponerle nombre, saber quién es y qué quiere, solo se percibe una mano fuerte que inspira amor y confianza, un «Alguien» que está.

Su voz se escucha: «No temáis; estad firmes y veréis la salvación que Yahvé os otorgará en este día, pues los egipcios que ahora veis, no los volveréis a ver jamás. Yahvé peleará por vosotros, vosotros no tendréis que preocuparos» (Ex 14,13-14).

Padres del desierto

Se contaba del abad Agatón que había empleado mucho tiempo en construir su celda con sus discípulos. Cuando la terminó vinieron a instalarse en ella. Pero desde la primera semana vio algo que no le resultaba útil, y dijo a sus discípulos lo que el Señor había dicho a sus apóstoles: «Levantaos y vámonos de aquí» (Jn 14,31).

Los discípulos se molestaron mucho y dijeron:

—Si tenías voluntad de marchar de aquí, ¿para qué nos hemos tomado tanto trabajo y tanto tiempo en construir la celda? La gente va a escandalizarse de nosotros y van a decir: «Otra vez se van, nunca se asientan en un sitio».

Viéndolos tan abatidos les dijo:

—Aunque algunos se escandalicen, otros se edificarán y dirán: «Dichosos éstos que emigran por causa de Dios, despreciando todas las cosas». Por tanto, os digo que el que quiera venir, que venga; yo me voy.

Ellos se echaron por tierra y le pidieron que les permitiera acompañarle.

Cuando el aspirante vestía el hábito del desierto y «colgaba» los trajes que había utilizado en el mundo secular, abandonaba, también, una forma de vivir llena de convencionalismos y esclavitudes.

Los monjes primitivos nos muestran una forma de ser en total libertad, sin miramientos. Al tener un único centro: Dios, todo lo demás es considerado en nada y pierde su influencia; no les puede atar, dominar. Son guiados por un fuego en el que las apariencias no tienen cabida. Aun así, se muestran compasivos con los que sufren los engaños del ego.

Las fuerzas estáticas que tienden a paralizarnos, a impedir que avancemos, muchas veces las vestimos de razonables, incluso de buenas; pero los «ancianos» las dejan al descubierto con sencillez. Ellos, al no querer nada más que a Dios, son libres del pasado, del futuro, del trabajo, del qué dirán, del miedo; su fundamento es Dios y a él solo rinden cuentas.

Hemos de estar vigilantes, ya que siempre que sintamos una resistencia hacia algo, podemos estar seguros de que hay un apego, una dependencia ahí.

VIVIR EN CRISIS: PRIMERA MARCHA POR EL DESIERTO

LA DESESPERANZA: LA MURMURACIÓN DEL PUEBLO DE ISRAEL CONTRA DIOS

> *«Entonces aparece Jesús, que viene de Galilea al Jordán donde Juan, para ser bautizado por él. [...] Bautizado Jesús, salió luego del agua; y en esto se abrieron los cielos y vio al Espíritu de Dios que bajaba en forma de paloma y venía sobre él. Y una voz que salía de los cielos decía: "Este es mi Hijo amado en quien me complazco". Entonces Jesús fue llevado por el Espíritu al desierto para ser tentado por el diablo»* (Mt 3,13-17).

Una vez decididos a continuar el camino de crecimiento que la crisis nos ha hecho emprender y tras cruzar el mar Rojo nos espera un largo y penoso recorrido.

Es difícil expresar con palabras este nuevo paisaje. Quizás lo más adecuado sea buscar imágenes que lo representen.

Lo que observamos, a primera vista, es que los abundantes manantiales que fluían en nuestras vidas se han secado, que las exuberantes plantas que crecían por todas partes han desaparecido, que los vistosos colores que nos rodeaban se han convertido en un monótono ocre que cubre la tierra y un continuo azul que llena el cielo. Podemos afirmar que nos hallamos en el desierto.

El yermo se define como un lugar despoblado, inhabitable para las personas. Y así se va quedando nuestras vidas. De la multitud de amigos y conocidos solo permanecen algunos pocos. Los viajes, salidas, diversiones, se reducen a lo mínimo. Todas las horas del día están llenas de minúsculos granitos de arena —dolor, desconcierto, desgana— que se cuelan en nuestro ánimo cada segundo que pasa.

Además, en los desiertos se producen fenómenos peligrosos para nuestro desarrollo: enormes torbellinos de polvo y arena que todo lo deseca, excesivo calor durante el día y frío por la noche, facilidad de perder el camino por las tempestades que borran cualquier huella y punto de referencia, espejismos casi reales.

Estas experiencias se pueden dar también, de forma simbólica y en mayor o menor medida, en las personas que nos adentramos en «este» proceso de crisis.

De repente, nos vemos arrancados de nuestro seno, de lo que eran nuestros proyectos; a merced de impulsos que nos alejan de nosotros mismos, atrapados en una malla de figuraciones e invadidos por una honda insatisfacción y angustia.

Experimentamos la nada, la ausencia de algo que nos resulte familiar y la inseguridad y sin sentido de lo que nos ocurre.

Quizás, por primera vez, descubrimos nuestra vulnerabilidad radical y sentimos en nuestro cuerpo un apretón de muerte.

Nos preguntamos: ¿Cómo construir en el desierto? ¿Dónde apoyar los cimientos de la nueva casa? ¿Qué hacer? ¿Cómo avanzar?

El desierto, por su parte, nos regala su vacío para que podamos llenarlo con lo realmente somos: este es su misterio, su don. En la sociedad hay numerosas distracciones, sonidos, olores, tactos; pero en este océano de arena en el que nos encontramos solo hay vacío. Este espacio hace que surjan nuestros «yoes» desconocidos, ocultos. Es una soledad que garantiza que todo lo que aparece en nuestro vagar por él pertenece a nuestro más íntimo ser interior.

Lo primero que nos encontramos es una fuerza misteriosa que adquiere personalidad con formas monstruosas y que nos mueve a ir contra nuestro propio destino: es el desaliento, la desesperanza.

Se trata de una corriente violenta que todo lo desnaturaliza, lo aparta de su ser y lo hace contrario a su propio bien. Es un enemigo cruel que nunca se ve saciado, energía destructora que engorda continuamente y hace que renunciemos a seguir creciendo, ya que no podamos intuir el sentido de la vida ni mantener la esperanza.

La frase que repetimos es: «No puedo más» y la pregunta que nos formulamos constantemente: «¿Hasta cuándo podré seguir así?».

En ningún tiempo encontramos amparo: el presente es el causante, pero el pasado supuestamente feliz solo hace que aumente el dolor y el futuro es aún más desolador, solo nos aguarda el refugio del sueño, de la «muerte».

Así infelices, como expulsados del Paraíso nos sentimos barco que naufraga y envueltos en densas sombras percibimos solo ansiedad, inseguridad y miedo. Invadidos de disgusto, hastío, pereza, abdicamos del esfuerzo de ser felices, porque lo creemos baldío y pasamos a engrosar las filas de los desesperanzados, de los que sobreviven.

Nadie como Job ha expresado con tanto realismo esta conmoción: «Mi vida es un soplo, mis ojos no volverán a ver la dicha [...] Por eso yo no he de contener mi boca, hablaré en la angustia de mi espíritu, me quejaré en la amargura de mi alma [...] Ahora me acostaré en el polvo, me buscarán y ya no existiré» (Jb 7,7-21).

Nosotros asistimos al deterioro lento, pero progresivo de papá, que fue pasando de comer a casi no tragar, de caminar a necesitar silla de ruedas, de hablar a no entenderse su débil balbuceo, de reconocernos a ignorarnos. Y hemos sentido, en multitud de ocasiones, el abrazo del desánimo.

Hermanos Álvarez: Este mal gusto al final del día es la tarjeta de visita de uno de mis más asiduos enemigos: el desaliento.

Le conozco tanto que adivino su presencia; sé cómo huele, qué cavilaciones produce, qué esperanzas mata. Su sabor me llena hasta quitarme completamente las ganas de vivir. Me siento tan estragado, saciado, repleto, que soy incapaz de probar nada nuevo.

Mi «enemigo» me crea tal cascada de pensamientos que el final de uno se une al principio del siguiente sin dejar espacio vacío entre ambos. Una sucesión de ideas que me hacen creer que solo existen ellas, que todo es producto de su magia, que no hay nada más, que no hay realidad. Un carrusel de imágenes que me marea y me hace perder el contacto con la tierra que me sustenta, que me da fuerza y autenticidad.

Él aniquila la esperanza de poder cambiar algo, por muy insignificante que sea, y me convierte en un viejo de vuelta de todo, sin apenas haber ido todavía a ningún sitio.

¡Ay!, has desplegado tus armas y, otra vez, me has sometido sin misericordia. Has empezado a «cantar» y tu voz me ha hipnotizado. Ya no encuentro nada puro, nada auténtico, nada mío. Todo me suena, se repite, no hay nada nuevo.

Sé perfectamente cómo estás modificando mi cuerpo: esa tristeza, ese rum-rum en el estómago, esa apatía unida a cierto nerviosismo producido por la profusión de sentimientos.

Te he dejado actuar durante demasiado tiempo esta noche y me das miedo. Sé que cuando te creces eres temible y no quiero seguir jugando contigo.

Pero ¡ahora me doy cuenta!, tampoco tú eres «alguien», también tú eres el efecto de muchas causas, eres humo y vacío. También tú pasarás y volveré a creer, a pisar la tierra, a luchar por cambiar.

Sören Kierkegaard: Me siento con el alma desgarrada, sin ninguna posibilidad de llevar una vida feliz en este mundo; es decir, una vida larga y gozosa sobre esta tierra; sin ninguna esperanza de un porvenir dichoso y confortable, presa de extremada desesperación[8].

Martín Descalzo: A veces, en la noche, hay un crujido
     de nieve sucia, galopando, muerta,
     que deja el alma extremaunciada y yerta
     y ya no sabes para qué has nacido.
     Y ya no sabes para qué has vivido,
     y se queda la sangre tan desierta
     que te sientas, perdido, ante tu puerta,
     ante tu puerta, sin porqué perdido»[9].

El pueblo judío sigue su travesía: «Moisés hizo partir a los israelitas del mar de Suf y se dirigieron hacia el desierto» (Ex 15,22).

Resulta sorprendente que el pueblo de Israel, que acaba de experimentar un fuerte impulso hacia adelante necesario para cruzar el Mar Rojo, ante las primeras dificultades vuelve a sus quejas y lamentos de siempre.

El camino es agotador y cuando esperan encontrar agua potable, resulta que es amarga: «Caminaron tres días por el desierto sin encontrar agua. Luego llegaron a Mará, mas no pudieron beber el

---

8 Sören Kierkegaard. *Diario íntimo.* Ed. Planeta, Barcelona (1993).
9 José Luis Martín Descalzo. *Testamento del Pájaro Solitario,* Verbo Divino, Estella (1991).

agua de Mará, porque era amarga. El pueblo murmuró contra Moisés, diciendo: "¿Qué vamos a beber?"» (Ex 15,22-24).

También nosotros nos preguntamos: ¿Dónde vamos a encontrar aquello que necesitamos para vivir: el agua, el tiempo, las relaciones, la energía, el amor? Nos parece que no podremos resistir sin ver a los amigos, ir de vacaciones, disfrutar en el gimnasio, asistir a los últimos estrenos de cine, salir al campo, y empezamos a murmurar.

En principio, parece justificable y quizás el pueblo de Israel y nosotros tengamos razón en las quejas: el desierto es atroz, es muerte.

De nuevo nos encontramos en un cruce de caminos con dos direcciones contrarias: la desesperanza y la confianza.

La desesperanza cuestiona nuestra decisión tomada de caminar, nos mueve a pensar que después de tanto sufrir no vamos a poder llegar y tendremos que claudicar. Nos hace sentirnos sin fuerza para continuar y pone a prueba nuestras capacidades. Nos separa de los demás insinuándonos que estamos solos, que nadie nos echa una mano, que toda la carga recae sobre nuestros hombros, que la sociedad y los amigos —que injustamente siguen brillando y riendo— no tienen en cuenta nuestra angustia.

El pueblo de Israel sigue su marcha: «Toda la comunidad de los israelitas acampó en Refidim donde el pueblo no encontró agua para beber. El pueblo entonces se querelló contra Moisés diciendo: "Danos agua para beber". Respondióles Moisés: "¿Por qué os querelláis conmigo? ¿Por qué tentáis a Yahvé?" [...]

Aquel lugar se llamó Massá y Meriba, a causa de la querella de los israelitas, y por haber tentado a Yahveh diciendo: ¿Está Yahveh entre nosotros o no está?» (Ex 17,1-7).

La pregunta clave que se plantea el pueblo judío y todos nosotros es si Dios nos habrá abandonado ¿Está Yahveh en esta situación que nos ha tocado vivir o es solo casualidad, mala suerte?

Los israelitas están en un contexto desesperado. Aquella presencia oculta y misteriosa, que intuían y se manifestaba detrás de los acontecimientos de la salida de Egipto, cada vez aparece más diluida hasta casi desaparecer. Piensan que es lógico que alguien que existe se manifieste y los judíos reivindican su derecho a pedir alguna prueba de su compañía.

Sin embargo, parece que Dios no lo ve así. Pedir pruebas sería sucumbir a la tentación de la desconfianza, de la duda, de la increencia. Han y hemos de aprender a caminar sin pruebas, confiando únicamente. Tienen y tenemos que descubrir que la soledad que sentimos es únicamente aparente. Nuestro cometido es avanzar a pesar de la confusión que nos produce el incomprensible silencio que nos rodea.

Una vez más Moisés tendrá que seguir «tirando» del pueblo, mostrando valientemente que hay que continuar: «Clamó Moisés a Yahveh y dijo: "¿Qué puedo hacer con este pueblo? Poco falta para que me apedreen". Respondió Yahveh a Moisés: "Pasa delante del pueblo [...] Y Moisés lo hizo así"» (Ex 17,5-6).

Un profeta ha de creer en la realización de lo imposible por parte de Dios. Tiene que ser un luchador y un anticipador de la meta y esto constituye su fuerza en el presente.

Padres del desierto

Uno ofreció dinero a un anciano y le dijo:

—Toma esto para tus gastos, eres ya viejo y estás enfermo.

En efecto, estaba enfermo de lepra. Pero el anciano respondió:

—¿Vienes después de setenta años a quitarme a mi proveedor? Tanto tiempo como hace que padezco mi enfermedad y nunca me ha faltado nada. Dios me da lo necesario y me alimenta.

Y no quiso recibir nada.

Los maestros del desierto aconsejaban dejarlo todo, ya que no era posible tener varios «seguros», varios «proveedores» a la vez.

Toda la energía de la persona se tenía que proyectar, entregar, a Dios, y entonces él sería su sostén. Si, en cambio, se compartía los intereses se quedaría sin nada.

Dividido, en una duda constante, sin determinación, con miedo y sin pruebas de la delicadeza divina, naufragaría. Era necesario arriesgarlo todo, para encontrarlo todo.

El problema no es que Dios sea celoso, que no lo es; sino que el hombre, si tiene muchos cuidadores, nunca va a saber a ciencia cierta quién le atiende, quién le mima.

LA FUERZA DE LA VIDA: EL MANÁ Y LAS CODORNICES DEL DESIERTO

«Recorría Jesús toda Galilea, enseñando en sus sinagogas, proclamando la Buena Nueva del Reino y curando toda enfermedad y dolencia en el pueblo» (Mt 4,12-17).

En los desiertos también hallamos maravillosas zonas llenas de vegetación y agua, son los oasis: «Después llegaron (los israelitas) a Elim, donde hay doce fuentes de agua y setenta palmeras, y acamparon allí junto a las aguas» (Ex 15,27).

¿Se pueden descubrir también estas «concentraciones de vida» en el camino de las personas que sufren una crisis?

Hermanos Álvarez: Ya en los primeros paseos, cuando papá no podía salir solo, nos llamó la atención un pequeño olmo que nacía salvaje en un espacio, en su día ajardinado, pero ahora baldío, que unía la calle donde vivíamos con otra más transitada. No sabemos por qué, pero entre la multitud de plantas y arbustos de esta, él adquirió para nosotros personalidad. Pronto nos identificamos con sus vicisitudes, que fueron, en cierta forma, las nuestras.

Algunas tardes nos acercábamos, cuando ya estaba oscuro, a esas pequeñas islas de tierra que flotaban en el gran mar de cemento que lo invadía todo. Podábamos los pocos árboles que quedaban, sujetábamos alguna planta y reconducíamos las enredaderas.

Del gran olmo que presidía el terreno nació nuestro pequeño «olmito». Su desgracia fue hacerlo al borde del camino por donde pasaba la gente. Apenas levantaba un metro cuando una mañana apareció tronchado. Para mi padre fue como si le hubieran roto su pierna derecha. Colocó unas tablillas alrededor del tronco roto y lo sujetó a las mismas con una cuerda para darle consistencia. El premio fue la aparición de dos nuevos brotes llenos de vida.

Pero cada poco tiempo volvían a romperlo por la misma herida adquiriendo una curiosa forma: un tronco leñoso y recto de un metro que terminaba en un muñón del que partían varios frágiles tallos.

Una mañana comprobamos que los jardines habían desaparecido, ¡cómo no!, cubiertos por un grueso y monótono manto de hormigón. Entonces supusimos enterrado y sepultado para siempre a nuestro amigo.

Desde ese momento, para nosotros dejó de tener atractivo la travesía y estuvimos mucho tiempo sin pasar por ella. Un día, movidos por la prisa, y ya olvidada la pena, tuvimos que cruzar por el callejón y cuando la mirada, sin quererlo, se dirigió al lugar acostumbrado descubrimos, con asombro, que, en la esquina precisa, el suelo se había roto asomando en una grieta unas, todavía enrolladas, pequeñas hojitas ver-

des. Sin decir nada nos acercamos y, al agacharnos sobre ellas, nos dimos cuenta, por la sonrisa que nos brindaba, que ¡era él!

No tardamos en agrandar la hendidura y proteger, con lo que encontramos, a nuestro renacido amigo. Pero apenas volvió a levantar unos palmos se repitió la misma necedad y volvió a aparecer tronchado. Sin embargo, la historia, en este caso, no se repite; no le abandonamos vencidos y desesperanzados, sino que le hemos seguido acompañando y cuidando, esperando, con ansia, cada primavera para contemplar su reconfortante saludo a través de sus recién nacidas hojas verdes.

Esta experiencia no es la simple descripción de un árbol que lucha por sobrevivir a pesar de las circunstancias, es la manifestación de la fuerza de la vida que anida en todos nosotros y que no se doblega ante nada. La vida es lo más importante que poseemos y estamos obligados a mimarla, cuidarla, no ahogarla con capas de alquitrán, angustias, rechazos, excusas, negaciones.

Todos los que atravesamos situaciones difíciles hemos sentido, en algún momento, una potencia impulsora, un tanto misteriosa, que nos empuja a seguir adelante y que, cuando brota, es increíblemente pura y dulce.

En todos hay un principio de esperanza que nos mueve a reubicarse en el mundo aspirando siempre a algo mejor. A pesar del mal, el dolor, el caos, la injusticia, la traición, la mentira, el odio, la enfermedad, podemos experimentar la fuerza de la vida que nos impele a seguir levantándonos cada mañana y recomenzar. Es una energía que puja por manifestarse y que no permite que la vida sea destruida.

Esta fuerza, lógicamente, necesita «alimento» para mantenerse. Es lo que Yahveh le recomienda a Elías cuando va huyendo de Jezabel y se sienta cansado bajo una retama del desierto deseándose la muerte: «"Levántate y come". Elías miró y vio a su cabecera una torta cocida sobre piedras calientes y un jarro de agua. Comió y bebió y se volvió a acostar. Volvió el ángel de Yahveh, le tocó y le dijo: "Levántate y come, porque el camino es demasiado largo para ti". Se levantó, comió y bebió y con la fuerza de aquella comida caminó cuarenta días y cuarenta noches hasta el monte de Dios, hasta el Horeb» (1R 19,5-8).

También el pueblo judío se encuentra desesperanzado: «¡Ojalá hubiéramos muerto a manos de Yahveh en la tierra de Egipto cuando nos sentábamos junto a las ollas de carne, cuando comíamos pan hasta hartarnos! Nos habéis traído a este desierto para matar de hambre a toda esta asamblea» (Ex 16,3).

En ese momento, cuando los israelitas ya no pueden más y piensan en la muerte como descanso, contemplan asombrados lo que ocurre: «Aquella misma tarde vinieron las codornices y cubrieron el campamento y por la mañana había una capa de rocío en torno al campamento. Y al evaporarse la capa de rocío apareció sobre el suelo del desierto una cosa menuda, como granos, parecida a la escarcha de la tierra. Cuando los israelitas lo vieron se decían unos a otros: "¿Qué es esto?" Pues no sabían lo que era. Moisés les dijo: "Este es el pan que Yahveh os da por alimento"» (Ex 16,13-15). «La casa de Israel lo llamó maná. Era como semilla de cilantro, blanco, y con sabor a torta de miel» (Ex 16,31).

El pueblo judío, ante las dificultades, se desanima y aflora el abatimiento y la queja; pero cuando éstos llegan a su culmen germina algo nuevo y sorprendente que les ayuda a seguir: «carne para comer y pan abundante, el maná».

Es un alimento muy especial. No es impersonal, para todos igual, sino que cada uno recibe lo que necesita: «He aquí lo que manda Yahveh: "Que cada uno recoja cuanto necesite para comer, un gomor por cabeza, según el número de los miembros de vuestra familia: cada uno recogerá para la gente de su tienda".

Así lo hicieron los israelitas, unos recogieron mucho y otros poco, pero cuando lo midieron con el gomor, ni los que recogieron mucho tenían de más, ni los que recogieron poco tenían de menos. Cada uno había recogido lo que necesitaba para su sustento únicamente» (Ex 16,16-18).

Y tampoco es un alimento que se pueda acumular y hacer de él reserva, porque es sustento únicamente para el instante presente: «Que nadie guarde nada para el día siguiente. Pero no obedecieron a Moisés y algunos guardaron algo para el día siguiente; pero se llenó de gusanos y se pudrió. Lo recogían por las mañanas, cada cual según lo que necesitaba; y luego, con el calor del sol, se derretía» (Ex 16,19-21).

El paso siguiente consistió en decidirse a probarlo y consumirlo. Al principio, resultó agradable por la novedad; pero, con el paso de los años, volvieron los lamentos: «¡Cómo nos acordamos del pescado que comíamos de balde en Egipto, y de los pepinos, melones, puerros, cebollas y ajos! En cambio, ahora tenemos el alma seca. No hay de nada. Nuestros ojos no ven más que maná» (Nm 11,5-6).

Llega hasta el punto de darles asco: «¿Por qué nos habéis sacado de Egipto para morir en el desierto? Pues no tenemos ni pan ni agua y nos da náusea ese manjar miserable» (Nm 21,5).

Es entonces cuando deben seguir optando por comer y continuar adelante o abandonarse al desánimo, a la inanición.

¿Cuál es el «maná» que puede alimentarnos a los que estamos atravesando situaciones difíciles? Probablemente cada uno tengamos el nuestro que debemos recoger y comer para seguir el camino. ¿Cuál fue el nuestro?

Hermanos Álvarez: ¡Dos años con el Alzheimer! Papá. En este tiempo, me has regalado tesoros muy valiosos que hasta ahora ni conocía que existieran.

Uno es el sentirme útil y, si me apuras un poco, creerme casi necesario. Nunca había conocido la felicidad de saber que te esperan, quieren, necesitan y que tú puedes también amar y hacer algo por alguien.

La sensación del sin sentido de la vida o la carencia de intensidad de esta, fueron barridas por el cariño, la utilidad. Por mucho que fuera el trabajo, la ocupación, la falta de espacio y tiempo, eran enanos comparados con el gigante de saber que alguien me esperaba y necesitaba.

A veces, el miedo a perder mi vida me impidió disfrutar de la dicha que conlleva el cuidar, el tener como misión ayudar. Ahorraba «mi tiempo» para ser feliz; pero, ahora, encuentro la satisfacción al entregarlo sin medida.

Este darme la vida quitándomela es, quizás, el resumen de mi relación con el Alzheimer. Cortas vivencias, pero ¡cómo ha cambiado mi visión sobre la enfermedad, el tiempo, la plenificación humana, la felicidad!

Todos tenemos que responder a las diferentes situaciones diarias que aparecen en nuestra vida. Cada circunstancia nos plantea una pregunta y nos presenta varias posibilidades. Cada instante es la ocasión de elegir lo mejor o lo peor, de que crezca la vida o la muerte. ¿Quieres vivir y ser feliz o prefieres rendirte desesperanzado, decepcionado, alejado de ti mismo, huyendo del problema?

La característica de la libertad no está simplemente en poder decidir, sino en acertar con lo más adecuado en cada momento. El instante es donde podemos y debemos actuar; optar por los valores que tienen una dimensión de eternidad y que no terminan con la muerte. Nuestra historia se obra segundo a segundo y cada movimiento condiciona, en cierta medida, el siguiente, como ocurre en una partida de ajedrez.

La vida se transforma en una maravillosa oportunidad de construir nuestro destino y el de la humanidad. Mediante cada decisión introducimos algo nuevo en nosotros mismos, pero también en la realidad de los demás seres humanos, en una misión irrepetible e irrenunciable de enriquecimiento cósmico.

Padres del desierto

El abad Casiano dijo: Fuimos un día a visitar a un anciano, que nos invitó a comer. Y aunque ya estábamos saciados, nos exhortaba a seguir comiendo. Le dije que no podía más, y él me contestó:

—Hoy he puesto la mesa seis veces para recibir hermanos de paso, y para animarlos yo he comido con ellos y todavía tengo hambre. Y tú que tan solo has comido una vez, ¿estás ya tan lleno que no puedes comer más?

Es bien sabida la importancia que concedían los Padres del desierto a la frugalidad de la comida, porque no encontraban en ella la gran fuerza de la vida, sino en la caridad.

Por amor vivían, recorrían grandes distancias, dejaban sus prácticas habituales, cargaban con los pecados del hermano, asumían el acompañamiento de los principiantes, callaban o hablaban, peregrinaban o permanecían, rezaban, trabajaban.

El amor les alimentaba y eran insaciables de este maná del cielo.

LA FUERZA DE LA PACIENCIA: BATALLA CONTRA AMALEC

> *«El Reino de los Cielos es semejante a un hombre que sembró buena semilla en su campo. Pero, mientras su gente dormía, vino su enemigo, sembró encima cizaña entre el trigo y se fue. Cuando brotó la hierba y produjo fruto, apareció entonces también la cizaña. Los siervos del amo se acercaron a decirle: "Señor, ¿no sembraste semilla buena en tu campo? ¿Cómo es que tiene cizaña?" [...] ¿Quieres, pues, que vayamos a recogerla? Díceles: "No, no sea que, al recoger la cizaña, arranquéis a la vez el trigo. Dejad que ambos crezcan juntos hasta la siega"» (Mt 13,24-30).*

La percepción que más sufre en el desierto es la del tiempo. La constante repetición de las mismas actividades y la falta de estímulos externos hacen que éste se ralentice, incluso parezca que se detiene haciéndose eterno. Entonces surge la tentación de cambiar, buscar nuevos paisajes, abandonar y huir de la monotonía del deber diario.

Los cuidadores de enfermos sabemos mucho de esto. Tenemos el día lleno de tareas sin ningún realce que se repiten a lo largo de semanas, meses y años. Si la dependencia del enfermo es total, la vida del que le atiende consiste en vestirle, alimentarle, asearle, pasearle, acostarle, y lo mismo una y otra vez, sin descanso.

En las crisis, el tiempo también se hace infinito, pensamos que el túnel no se acabará, que nunca saldremos de él, e incluso olvidamos que no siempre fue así.

San Ignacio nos dejó una importante enseñanza: «En tiempo de crisis no mudar» y, sin embargo, es lo primero que quiere hacer nuestra mente: quitarse el problema de encima cambiando de sitio, de circunstancias.

Parece que «irse» es la mejor solución para todos. Oímos una voz interior sugerente que nos dice: «¡Déjalo todo, huye, y la noche desaparecerá!», «¡Necesitas escapar, es lo más razonable, saludable y preciso para tu equilibrio y crecimiento personal!». Pero olvida decirnos que eso supone abandonar nuestro camino, variar la dirección por la que avanzamos. Y tampoco nos indica las veces que nos volverá a sugerir que cambiemos de rumbo en busca de nuevas sensaciones, pobres sucedáneos de la necesaria transformación interior de nosotros mismos.

Nos enfrentamos a un feroz enemigo, muy superior a nosotros. Su fuerza la extrae de nuestro rechazo al sufrimiento.

Hermanos Álvarez: ¿Te acuerdas cuando íbamos de «buscadores»?; siempre ocurría lo mismo. Hacíamos un «agujerito» en la tierra y, mientras era fácil cavar, cantábamos y reíamos. Al encontrar la primera piedra, rápidamente decíamos aquello de: «¡Mira!, allí parece que hay mejor terreno y no encontraremos obstáculo alguno». Con alegría y alborozo partíamos hacia la otra colina y empezábamos a ahondar de nuevo. Pasamos muchos años en este trabajo y nuestra parcela parecía un colador —llena de pequeños hoyos. Pero el Señor se apiadó y nos dio la fe. Y con ella, el regresar a nuestro primer agujero, volver a casa y sabernos hijos.

¿Cómo vencer a este fuerte y hábil contrincante? Necesitamos una sabiduría especial: la de la paciencia. Continuar nuestra labor en paz rechazando cualquier deseo de novedad que no conlleve una auténtica renovación interna.

Realizar las tareas diarias es la gota de agua que socava la roca, apaga el fuego, para nuestra caprichosa mente, ahuyenta la tentación de vagar sin rumbo a merced de nuestros caprichos.

Debido a las numerosas batallas que libramos en cualquier proceso traumático y tras salir indemne de ellas, nace una ciencia muy concreta: descubres que para ganar necesitas saber esperar.

Esta inteligencia nos hace más resistentes ante las dificultades, porque permite que el esfuerzo preciso para vivir no lo desperdiciemos en huir, vagabundear, en el desaliento. La paciencia es la energía que menor gasto conlleva, la más ahorrativa, no hay pérdida, ni movimiento inútil, ni derroche innecesario.

Pero, sin duda, el mayor bien que aporta la perseverancia es ser el único caldo de cultivo en el que germina la esperanza y se desarrolla nuestra verdadera personalidad.

La paciencia es la que permite madurar al fruto, mientras que la mudanza lo pierde. Es necesaria para completar en nosotros lo que hemos empezado a ser, conseguir lo que creemos y esperamos.

El pueblo de Israel, durante su travesía por el desierto, sufre un fuerte ataque, el de los amalecitas: «Vinieron los amalecitas y atacaron a Israel en Refidím» (Ex 17,8).

¿Quiénes eran los amalecitas? Eran descendientes de Amalec, nieto de Esaú. Constituían una poderosa tribu que llevaba una vida nómada dedicándose a saquear ciudades y robar las cosechas que otros, con sudor y esfuerzo, cultivaban.

Cuando los israelitas llegan a las inmediaciones del monte Sinaí, los amalecitas, de manera traicionera y sin escrúpulos, les atacan por la retaguardia pasando a cuchillo a muchos ancianos, niños y mujeres, que se habían quedado rezagados en la marcha: «Recuerda lo que te hizo Amalec cuando estabais de camino a vuestra salida de Egipto, cómo vino a tu encuentro en el camino y atacó por la espalda a todos los que iban agotados en tu retaguardia, cuando tú estabas cansado y extenuado; ¡no tuvo temor de Dios!» (Dt 25,17-18).

No queda ninguna duda del propósito de los amalecitas de acabar con los hebreos y ellos tienen que ver la mejor manera de defenderse. Es evidente que hay que combatir, pero ¿cómo? ¿Cómo asegurarse la victoria? ¿Será mediante las armas, la lucha cuerpo a cuerpo, la violencia contra la violencia? Parece que en este caso no. Se dan cuenta de la inutilidad de estos procedimientos, porque los enemigos son más numerosos y fuertes que ellos y se necesita otra fuerza que les venza.

Planean una estrategia, algunos hombres saldrán a pelear contra Amalec mientras que Moisés, Aarón y Jur subirán a la cima del monte: «Moisés dijo a Josué: "Elígete algunos hombres y sal mañana a combatir contra Amalec. Yo me pondré en la cima del monte, con el cayado de Dios en mi mano" […] Y sucedió que, mientras Moisés tenía alzadas las manos, prevalecía Israel; pero cuando las bajaba, prevalecía Amalec» (Ex 17,9-11).

Podemos imaginar las resistencias que tuvo que vencer Moisés para permanecer pacientemente en el monte: la de la curiosidad: «¿Qué sucederá abajo?»; la del protagonismo: «Yo no estoy en el frente, en la vanguardia, no se me ve, nadie me tiene en cuenta»; la del sin sentido: «¿Estaré haciendo algo que merezca la pena, que tenga alguna utilidad?».

Era lógico que desfalleciera: «Se le cansaron las manos a Moisés y entonces ellos tomaron una piedra y se la pusieron debajo: él se sentó sobre ella mientras Aarón y Jur le sostenían las manos, uno a un lado y el otro al otro. Y así resistieron sus manos hasta la puesta del sol» (Ex 17,12.).

El pueblo judío ha vencido, pero ¿qué fuerza ha conseguido el triunfo? Descubre que hay que dejar el campamento, subir a la montaña, elevar los brazos, mirar hacia arriba y, sobre todo, tener paciencia, esperar contra toda esperanza, no tener prisa, no cansarse. Hay que permanecer, como Moisés, estable en el monte con los brazos en alto como quien ya ve el final feliz. Ahí estuvo el verdadero campo de batalla en la contienda contra Amalec, ahí fue donde se libró la principal guerra y donde se alcanzó la victoria.

Padres del desierto

Los Padres decían: «Si te viene una tentación en el lugar donde habitas, no abandones el lugar en el tiempo de la tentación, porque si lo abandonas encontrarás ante ti, en todas partes, lo que querías apartar. Ten paciencia hasta que pase la tentación, para que tu marcha no sea ocasión de escándalo y pueda perjudicar a los que viven a tu alrededor».

Los «abbas» fueron unos grandes psicólogos experimentales, ya que observaban constantemente la psique humana.

Descubrieron que cuando huimos de situaciones concretas para evitar la angustia y el miedo que nos provocan, se produce el efecto contrario y aumenta en nosotros su fuerza, su potencia limitadora. La angustia y el miedo se crecen con la victoria y, al permanecer en nosotros, nos van a acompañar allá donde vayamos y cada vez nos dominarán un poco más.

Además, cuando hemos perdido una contienda siempre tenemos esa derrota en la memoria y es un lastre para próximos enfrentamientos.

El permanecer ya es vencer, aunque sea gracias a trucos, como el de aquel monje que se decía todos los días durante cuarenta años: «Hoy me quedo, pero mañana partiré».

El mejor exponente de esta forma de vida lo encontramos en los monjes y monjas benedictinos que hacen un voto particular de estabilidad.

San Benito, en su Regla, establece que: «El que va a ser admitido prometa públicamente, en el oratorio, su estabilidad, la conversión de sus costumbres y la obediencia»[10]. No quiere monjes giróvagos en su comunidad. Ésos que «pasan su vida entera por diversas regiones, hospedándose durante tres o cuatro días en los distintos monasterios, siempre vagando y nunca quietos, sirviendo a sus propios deseos» [11].

LA APERTURA: LA INSTITUCIÓN DE LOS JUECES

«Y llamando Jesús a sus doce discípulos, les dio poder sobre los espíritus inmundos para expulsarlos, y para curar toda enfermedad toda dolencia» (Mt 10,1).

En el desierto, por el aislamiento y la dureza del clima, son poco frecuentes las relaciones humanas, quizás por ello sea tan estimada la hospitalidad.

Todos tenemos en la mente la imagen del beduino en su tienda de campaña, alrededor de un té, que ofrece a sus huéspedes lo mejor que posee y los recibe como si se tratara del mismo Dios. Parece que las dificultades aumentan la intensidad y calidad de nuestras comunicaciones.

Puede que sea casualidad, pero la palabra crisis empieza con "c", como cerrar, cerrazón, y es ésta una de las características que primero nos avisan de que algo no va bien. Cerramos todas las puertas y ventanas, apagamos la luz, y bajamos al sótano más pro-

---

[10] *Regla de San Benito, Cap. LVIII, 17.*
[11] *Regla de San Benito, Cap. I, 10-11.*

fundo. Nos enclaustramos en la habitación más pequeña y oscura de la casa y nos pasamos el día dando vueltas quejándonos de que no vemos nada.

Buscar ayuda para discernir el problema y las posibles soluciones es uno de los procesos de maduración más importantes a los que conduce la crisis bien aceptada. Ésta hace que nos abramos, pidamos consejo y nos relacionemos con los demás con mayor intensidad.

En el pueblo de Israel queda muy bien reflejada esta conducta.

Moisés le explica a su suegro lo que hace: «El pueblo viene a mí para consultar a Dios. Cuando tienen un pleito, vienen a mí; yo dicto sentencia entre unos y otros, y les doy a conocer los preceptos de Dios y sus leyes» (Ex 18,15-16).

El pueblo ha comprendido que cada uno posee una identidad que crece en la relación y la colaboración con los demás, en la complementariedad. Por eso, en la humildad y la confianza, se abren a otra persona haciendo suyas sus opiniones y consejos. Son capaces de descubrir lo bueno que transmite Moisés sin que esto les disminuya.

Todo diálogo exige un vaciamiento para crear un espacio de acogida. Se produce una aparente abdicación de los propios puntos de apoyo y se comprueba que es fecunda, porque la verdad crece. Los seres humanos siempre nos encontramos en proceso y nos vamos configurando en la interrelación.

A continuación, en el diálogo de Moisés con su suegro surge otra cuestión no menos importante para los israelitas y para todos nosotros.

El pueblo judío ha crecido durante su travesía por el desierto y es imposible que uno solo cargue con toda la responsabilidad. Moisés no se había dado cuenta de que así no podía seguir. Es su suegro el que se percata del trabajo que su yerno se impone por el pueblo y le abre los ojos: «Al día siguiente, se sentó Moisés para juzgar al pueblo; y el pueblo estuvo ante Moisés desde la mañana hasta la noche. El suegro de Moisés vio el trabajo que su yerno se imponía por el pueblo, y dijo: ¿Cómo haces eso con el pueblo? ¿Por qué te sientas tú solo haciendo que todo el pueblo tenga que permanecer delante de ti desde la mañana hasta la noche? […] No está bien lo que estás haciendo. Acabarás agotándote tú y este pueblo que está contigo; porque este trabajo es superior a tus fuerzas; no podrás hacerlo tú solo» (Ex 18,14-18).

Moisés escuchó a su suegro y aceptó su recomendación: «Escúchame, te voy a dar un consejo y Dios estará contigo. Sé tú el representante del pueblo delante de Dios y lleva ante Dios sus asuntos. Enséñales los preceptos y las leyes, dales a conocer el camino que deben seguir y las obras que han de practicar. Pero elige de entre el pueblo hombres capaces, temerosos de Dios, hombres fieles e incorruptibles y ponlos al frente del pueblo como jefes de mil, jefes de ciento, jefes de cincuenta y jefes de diez. Ellos juzgarán al pueblo en todo momento; te presentarán a ti los asuntos más graves, pero en los asuntos de menor importancia, juzgarán ellos. Así se aliviará tu carga, pues ellos te ayudarán a llevarla. Si haces esto, Dios te comunicará sus órdenes, tú podrás resistir y todo este pueblo, por su parte, podrá volver en paz a su lugar» (Ex 18,19-23).

En el caso de los que atendemos a enfermos dependientes, hay una pregunta que nos repiten mucho los médicos y asistentes sociales: ¿Quién es el cuidador principal? Porque siempre hay alguien que asume ese papel y tiene el peligro de cargar física y psicológicamente con el peso de la situación.

Hermanos Álvarez: Me has mostrado, querida enfermedad, que el sentirme necesario es un globo que puedo hinchar e hinchar sin medida. Cada vez vuelo más alto, más separado del suelo y más lleno de aire y me convierto en el cuidador imprescindible, en el cuidador maravilloso, en el súper cuidador y tanto he inflado el balón que cualquier pequeño roce puede hacer que estalle y se haga pedazos.

En ese instante, aparece de lo que siempre estuve lleno: aire y vacío. Toda esa felicidad ficticia, esa pretendida necesidad, ese mundo que he creado para ocultar la falta de sentido de mi vida, desaparecen como el aire cuando se escapa de un globo roto y, tarde o temprano, todos se rompen y nos quedamos solos con nosotros mismos.

En las situaciones difíciles el gran peligro que nos acecha es el de absolutizarnos. Moisés nos sirve de ejemplo para vencer este peligro. Él supo ceder, apartarse y estar disponible solo cuando se le solicitase.

Moisés ha sufrido un proceso de transformación y liberación personal que todos deberíamos imitar. Se ha «descentrado» de sí mismo y ha dejado de considerarse como la única referencia para los demás. Considera que, a través de cada uno de sus colaboradores, el pueblo puede también alcanzar la cima de la montaña.

Padres del desierto

Un hermano fue atacado por un mal pensamiento. Se levantó de noche y fue a visitar a un anciano. Le contó sus pensamientos y el anciano le consoló. Confortado en ese consuelo volvió a su celda. Y de nuevo el mal espíritu volvió al ataque. Y de nuevo acudió al anciano. Y la cosa se repitió muchas veces. El anciano no le desanimaba, sino que le decía lo que le podía ser útil en su situación:

—No cedas al diablo ni aflojes en tu lucha. Por el contrario, a cada ataque del demonio, ven a buscarme y el demonio derrotado se alejará. Pues nada alegra más al demonio que el que se oculten sus tentaciones. Y nada le molesta más que el que se descubran sus pensamientos.

Por once veces vino el hermano al anciano acusándose de sus pensamientos. La última vez el hermano dijo al anciano:

—Sé caritativo conmigo y dime una palabra.

Entonces el anciano le respondió:

—Créeme hijo, si Dios permitiese que los pensamientos que combaten mi alma pudiesen pasar a la tuya, no podrías soportarlos y caerías muy bajo.

Dichas estas palabras, por la gran humildad del anciano, se apaciguó el mal espíritu del hermano.

En el desierto era frecuente ver a los hermanos abandonar su celda, dirigirse a la de su maestro y, postrados a su lado, abrirle su alma, como se hace con un libro, para que pudiese leer en ella.

Según los ancianos, era esencial que el principiante revelase a su guía, con prontitud y humildad, todas sus inclinaciones.

Una experiencia común en todos ellos era que un pensamiento que se ocultaba adquiría una extraordinaria fijación psicológica y producía una gran angustia; que desaparecía, como el humo en el aire, cuando éste se manifestaba.

EL ENCUENTRO CON LO TRASCENDENTE: LA ALIANZA DEL SINAI

¿POR QUÉ ME PASA ESTO?: LA ALIANZA DEL SINAI

«Después de despedir a la gente, Jesús subió al monte a solas para orar; al atardecer estaba solo allí» (Mt 14,23).

Tarde o temprano, en nuestra marcha por el desierto tenemos que preguntarnos: ¿Nos acompaña alguien en nuestro caminar o estamos solos? Aparece ante nosotros el majestuoso monte de lo Trascendente.

Hasta ahora habíamos obviado cuestionarnos el porqué de nuestra situación, el porqué de la crisis. Nos habíamos concentrado en curar las heridas, pero ya estamos preparados para responder a este reto, ascender al «monte del Señor».

La Alianza

El pueblo de Israel tiene una peculiar experiencia de encuentro con Dios en el monte Sinaí: «Al tercer mes después de la salida de Egipto, ese mismo día, llegaron los hijos de Israel al desierto del Sinaí [...] Allí acampó Israel frente al monte [...] Moisés subió hacia Dios. Yahveh le llamó desde el monte y le dijo: "Así dirás a la casa de Jacob y esto anunciarás a los hijos de Israel: Ya habéis visto lo que he hecho con los egipcios, y cómo a vosotros os he llevado sobre las alas de águila y os he traído a mí. Ahora, pues, si de veras escucháis mi voz y guardáis mi alianza, vosotros seréis mi propiedad personal entre todos los pueblos"» (Ex 19,1-5).

En ese momento culmina, en la conciencia del pueblo, el ámbito de lo sagrado, un recinto misterioso al que aún no había accedido de forma clara.

Ahora tienen delante de sí el mundo de lo trascendente no solo para contemplarlo y admirarlo, sino para sumergirse en él. La necesidad de un «Absoluto» es algo que pertenece a todo ser humano como la primera de sus realidades que reclama ser satisfecha.

En toda la aventura de los hebreos, desde su estancia en Egipto, Dios había jugado un papel más bien discreto, invisible, silencioso. Pero ahora se percatan de que hay una Presencia al otro lado, más allá de ellos, en la Montaña, y que es, de alguna manera, inaccesible.

Hubieran deseado otro Dios, más al alcance de la mano, más manejable y comprensible. Pero es éste el que se les revela y tratan de desentrañar su misterio: «Vosotros os acercasteis y permanecisteis al pie de la montaña, mientras la montaña ardía en llamas hasta el mismo cielo, entre tinieblas de nube y densa niebla. Yahveh os habló de en medio del fuego; vosotros oíais rumor de palabras, pero no percibíais figura alguna, sino solo una voz» (Dt 4,11-12).

Los israelitas no pueden renunciar a la búsqueda de Dios, porque ya no se entienden, ni como hombres ni como pueblo, sin referencia a ese ser misterioso que los ha acompañado y guiado. Así, la necesidad de entender a Dios se convierte en su principal tarea.

Pronto se dan cuenta de que nadie puede descubrir cómo es Dios si Él no se revela. Por eso en el monte Sinaí Dios se manifiesta al pueblo: «Dijo Yahveh a Moisés: Ve donde el pueblo y haz que se santifiquen hoy y mañana; que laven sus vestidos y estén preparados para el tercer día; porque al día tercero descenderá Yahveh a la vista de todo el pueblo sobre el monte Sinaí [...] Al tercer día, al rayar el alba, hubo truenos y relámpagos y una densa nube sobre el monte y un poderoso resonar de trompeta; y todo el pueblo que estaba en el campamento se echó a temblar. Entonces Moisés hizo salir al pueblo del campamento para ir al encuentro de Dios, y se detuvieron al pie del monte» (Ex 19,10-17).

En realidad, aquí está el centro y el sentido de toda la experiencia del Éxodo. La liberación estaba en función del encuentro de Dios con su pueblo y de la Alianza entre ambos, de ese pacto de amor, de esa comunión íntima.

Es un compromiso que el Señor asume voluntariamente. Él tomó la iniciativa al librarlos de los egipcios, y ahora se los apropia y se obliga con ellos a ser, para siempre, su protector y hacerlos santos.

Se trata, en cierta forma, de un contrato bilateral y los israelitas tienen una obligación: guardar la Ley del Señor, el Decálogo: «Ahora, pues, si de veras escucháis mi voz y guardáis mi alianza, vosotros seréis mi propiedad personal entre todos los pueblos, porque mía es toda la tierra: seréis para mí un reino de sacerdotes y una nación santa» (Ex 19,5-6).

Sin embargo, este pacto va a ser roto en infinidad de ocasiones. Cada vez que aparece el mal, el sufrimiento, cuando las cosas no van bien, se olvidan de Yahveh y su Alianza, y van en busca de otros dioses y auxilios.

En nuestro interior se produce, a veces, una fuerte incompatibilidad, a veces racional y otras inconscientes, entre la existencia de un Dios bueno y la experiencia cruel del dolor. Éste hace incomprensible a Dios y poco convincente su Alianza y su amor hacia nosotros. Cada amargura que sentimos es un golpe, un desgarro, en la imagen que tenemos de Dios. Se hace preciso por ello sumergirnos en esta contradicción.

Dios y el sufrimiento

En el vocabulario de las personas que sufrimos está muchas veces presente el ¿por qué?, y en algunos casos el ¿por qué, ¡Dios mío!?

En la tradición judeocristiana la existencia del mal y del dolor figuran, desde hace milenios, como puntos claves de nuestra relación con la vida y con Dios. En un contexto de crisis nos vemos obligados siempre a preguntarnos cuál es el sentido último de la vida, ¿cómo podemos ser felices a pesar de las experiencias negativas?

El sufrimiento nos hace penetrar en el ámbito del «misterio», que es al tiempo revelación y ocultamiento. Nos adentramos en terreno sagrado y el Señor nos recuerda como a Moisés, cuando se le aparece en forma de zarza ardiendo: «Quita las sandalias de tus pies, porque el lugar que pisas es tierra sagrada [...] Moisés se cubrió el rostro» (Ex 3,5-6).

Moisés se cubre el rostro, no puede seguir viendo, porque en el terreno sagrado, en el que ha sido introducido, la visión natural es insuficiente.

A lo largo del Antiguo Testamento se constata cómo el creyente se atormentaba frente a todas las realidades negativas de la vida, porque su cultura y visión religiosa le llevaban, de algún modo, a ver en ellas la expresión directa de la voluntad de Dios, un castigo o prueba.

Nosotros debemos ser conscientes del gran cambio ocasionado por el nacimiento de la cultura moderna, que acentúa la autonomía y la secularidad de nuestro mundo. Las experiencias dolorosas dejan de ser signos de la directa intervención de Dios; forman parte de nuestra existencia y es necesario comprenderlas y resolverlas, ante todo, como problemas horizontales, naturales, que requieren explicaciones y actuaciones humanas. Para algunos de los que piensan así, la causa del dolor es el azar: «¡Nos ha tocado!» Bajo esta visión se esconde la percepción de un mundo sin sentido, sin motor, sin rumbo, sin Dios.

Sin embrago, también podemos creer que el sufrimiento, tanto físico como moral, está en relación, de alguna manera, con Dios, aunque de forma diferente a como se creía en la antigüedad.

Podemos recordar algunas frases que resumen diferentes sentidos que se le han dado: «Dios lo quiere…»; «no conocemos sus designios…»; «Dios puede sacar bien incluso del mal…»; «Dios al final lo resucitará todo en su Hijo…»; «es necesario para crecer, madurar…»; «Dios no puede hacer un círculo cuadrado» (el mundo es finito, en proceso, y su «crecimiento» conlleva dolor); «Dios no da el mal, lo permite para respetar la libertad del hombre»; «Dios no quita el dolor, le da sentido».

Sin embargo, el sufrimiento que experimentamos en la vida es más real, más crudo que todas esas posibles explicaciones. Él dolor las puede, las destruye, y se queda a solas con el misterio: «Si comprehendis, non est Deus».

Tenemos que enfrentarnos al célebre dilema de Epicuro: «O Dios quiere evitar el mal y no puede, y entonces no es omnipotente; o Dios puede y no quiere, y entonces no es bueno».

Parece que no hay salida, que no encontramos camino. Aquí lo difícil es permanecer en el misterio sin dar soluciones drásticas, sin eliminar los extremos, sin desesperar, sin cerrar los ojos, sin dejar de preguntarnos.

Para ello es necesario profundizar en el corazón y parar, en cierta medida, la razón egótica que quiere tocar, aprehender, desmenuzar. Hay que abrir nuevas perspectivas que nos ayuden a mantener la tensión de la búsqueda sin caer en la angustia.

¿Cuál es la verdad que destruye el dilema de Epicuro? La certeza de la bondad de Dios y su amor a los hombres: «Aunque estemos inmersos en las dramáticas y complejas vicisitudes de la historia, permanecemos firmes en la certeza de que Dios es Padre y nos ama, aunque su silencio siga siendo incomprensible para nosotros»[12].

La genuina tradición cristiana enseña que Dios no anula ni evita nuestras miserias, debilidades, impotencias, no nos preserva del sufrimiento. La religión auténtica constituye un modo diferente de afrontar estas situaciones. Dios se nos muestra cercano para darnos esperanza y animarnos en la lucha contra el mal y la muerte.

Los creyentes no esperamos que Dios intervenga con algún milagro o privilegio que nos libre siempre y constantemente del dolor.

Confiamos en él, porque lo descubrimos como el fundamento misterioso que se encuentra en nuestro origen y es, al mismo tiempo, meta de nuestra existencia: «Desde esta perspectiva, el mal no solo no aparece como contrario a la bondad divina, sino que, sin perder un átomo de su horror, se convierte en el escenario de la manifestación suprema del amor de Dios. No es que el mal se haga bueno, sino que, en su horror, nos permite reconocer a Dios como su opositor radical, siempre a nuestro lado, sufriendo con nosotros y apoyándonos con todos los medios de su amor, hasta la prueba suprema de consentir que maten a su Hijo»[13].

---

[12] Benedicto XVI. *Carta encíclica "Deus Caritas est"*.
[13] A. Torres Queiruga. *Creo en Dios Padre*, Ed. Sal Térrea, Santander (1986).

Quizás ha llegado el momento de preguntarnos si es posible, e incluso necesario, que al dolor que conlleva la vida del ser humano y del cosmos le encontremos algún valor positivo que lo haga definitivamente utilizable como potencia creadora; si nos estará permitido hablar del «sufrimiento transformante», lo que Teilhard de Chardin llamaba «la energía ascensional del sufrimiento».

Nuestra experiencia

Al enfrentarnos a la angustia que nos produjo la enfermedad de papá, las preguntas acerca del significado del sufrimiento cobraron protagonismo y solo pudimos vivir felices buscando una razón definitiva de esperanza y su fundamento eterno.

Hermanos Álvarez: Sigo muy ilusionada con el intento de encontrar el sentido del sufrimiento. Creo que no tiene valor en sí mismo, sino como trampolín que desarrolla una fuerza brutal y que permite a uno ascender muy alto. No es buscar el sufrimiento, pero parece que, cuando me viene, me veo puesta como en una «pista de despegue» y, corriendo por ella, alcanzo mucha velocidad y llego a volar muy alto.

En el monasterio no faltan situaciones que me producen dolor y también aparecen los sentimientos de soledad, de miedo ante el futuro, lo que se llama angustia existencial. Comprendo que son pequeñas cosas, pero creo que Dios va a transformarlas en un bien para mí. Ante esta certeza siento una felicidad muy grande y también, creo, confianza en Dios. Es una presencia de Jesús que no podría describir, pero que está ahí, cuando más la necesito, y eso es lo más importante.

He visto también el gran peligro que esconde, y muy oculto, el dolor y es que nos puede atrapar en sus redes inyectando en nosotros la terrible enfermedad de la inercia, de la desesperación.

Durante todos estos años hemos constatado importantes limitaciones e impotencias; pero también, y con más fuerza, que Dios, con su Espíritu, ha sostenido nuestras vidas. La experiencia diaria nos ha remitido a una dimensión más allá de nuestra percepción y que nos sitúa por encima del acontecimiento concreto, inmediato e histórico.

Es una vivencia ligada a la intuición de que el sentido último de la existencia no se encuentra en nuestras manos. Es lo que en lenguaje bíblico se denomina: "trascendencia", y refleja la experiencia de la persona que sabe que el fundamento de la vida y del universo no está en él mismo, sino en Dios.

¿En qué apoyamos nuestra esperanza? En que a los que Dios ama todo les sirve para el bien (Rm 8,28). Dios, en Jesucristo, se nos manifiesta como un amor más fuerte que las potencias oscuras, más poderoso que el sin sentido y que todas las formas de angustia existencial.

Nuestra fe se fundamenta en que existe una Bondad de base en el universo, que coincide con la vida y que es Dios mismo. Desde esta fe, hemos podido mirar cada acontecimiento de una manera diferente a lo que aparecía a simple vista y descubrir, en ellos, la presencia de Alguien que transfigura lo cotidiano.

Siempre, pero especialmente cuando sufrimos, necesitamos a Dios y es nuestra tarea hacerle espacio en nosotros y en los demás; ayudar a Dios a abrirse camino como la única fuerza capaz de socorrernos.

A veces pensamos que dar cabida a Dios en nuestra existencia limita la libertad, porque lo vemos como un rival, un vigilante que nos persigue con una actitud de amenaza. Cada uno tendrá su propia experiencia, pero lo cierto es que cuando nos encontramos con el verdadero rostro de Dios y vemos su mirada de amor, lo descubrimos como la condición fundamental de nuestro propio ser, lo que nos permite vivir y ser felices.

Padres del desierto

El abad Moisés vivía en Petra. Un día fue tentado violentamente de impureza y no pudiendo resistir en su celda acudió a abrirse con el abad Isidoro. El anciano le recomendó que volviese a su celda, pero el abad Moisés se resistió y le decía:

—No puedo Padre.

El abad Isidoro lo tomó consigo y lo llevo a la terraza, y le dijo:

—Mira hacia el oeste.

Y dirigiendo la vista en esa dirección vio una muchedumbre de demonios en desorden preparándose para la lucha. El abad Isidoro le dijo de nuevo:

—Mira hacia oriente.

Miró y vio una multitud innumerable de ángeles en la gloria. Y el abad Isidoro le dijo:

—Todos estos son enviados para que nos ayuden. Los que vienen de occidente son nuestros enemigos. Pero los que nos socorren son mucho más numerosos que los que nos combaten.

Entonces el abad Moisés dio gracias a Dios, se llenó de confianza y volvió a su celda.

A simple vista pudiera parecer que los apotegmas son claramente pesimistas, porque en sus sentencias aparecen continuamente el mal, los demonios, los pecados, las caídas.

Sin embargo, si profundizamos en ellos, en su raíz, en la visión antropológica que tienen del hombre, son totalmente optimistas, positivos.

Creen, sin fisura, en el poder de Dios, en su amor y ayuda, y en la capacidad del esfuerzo del hombre, que, con la gracia divina, puede vencer cualquier ilusión, cualquier limitación.

LA SABIDURÍA DE LA CRISIS: EL DECÁLOGO

«No penséis que he venido a abolir la Ley y los Profetas. No he venido a abolir, sino a dar plenitud» (Mt 5,17).

Una vez que hemos sellado la Alianza con Dios, que nos ha liberado, e intuimos su presencia en cualquier situación que la vida nos ofrece por dura que sea; nacemos a una nueva dimensión. Nos volvemos como niños ávidos de aprender, de aceptar lo que nos ocurre como enseñanza, como oportunidad de crecer. ¡Ya podemos acoger la sabiduría de Dios!

Yahveh desciende al monte y entrega los diez mandamientos y el pueblo se compromete a observarlos. El decálogo no es una ley en el sentido actual, son "palabras", revelación de Dios y comunicación suya. Todo es pura gracia y don. No es la formulación arbitraria de un déspota ni la manifestación de la autoridad de un dictador. Es el acto más exquisito del amor y respeto de Dios hacia nosotros que nos indica el camino de la auténtica liberación y felicidad.

El pueblo encuentra una guía segura para no recaer en una esclavitud aún peor que la sufrida en Egipto: la esclavitud de sí mismo. Tiene que conquistar una libertad total, no solamente externa; sino, sobre todo, interior.

El cumplimiento de los mandamientos solo puede entenderse en clave personal: es la respuesta de cada miembro del pueblo que, sabiéndose elegido, ratifica individualmente ese pacto de amor con la fidelidad a las prescripciones.

Cumplir los preceptos es decir «Sí» a Dios, dentro de un diálogo de amor entre Dios y el hombre, de llamada y respuesta, de invitación a entrar en comunión con él y con su voluntad.

No habrá para ti otros dioses delante de mí

El decálogo se inicia con la afirmación de Dios como único Señor. Israel tiene que superar la tentación de hacerse, de adorar, cualquier otro dios confeccionado según la medida de sus necesidades.

Han de reconocer que la presencia de Yahveh los ha acompañado en toda su historia y solo pueden glorificar y admitir como único Dios a quien ha sido capaz de cuidar de ellos en todo momento. Es el mandamiento primero y principal: Dios es el único Absoluto con mayúscula.

Este precepto no se justifica en un celo exagerado de Dios, sino en el temor a dejar a su pueblo en manos de otros dioses que no cuidarían de él, sino que se aprovecharían.

El amor de Dios es el que precede a todos sus mandamientos.

Hermanos Álvarez: Señor, no siempre soy muy consciente de que más allá de lo que yo pueda querer a papá, de lo que podamos hacer la familia por él, estás Tú. Tú eres su Padre, eres el único que le amas con un amor verdadero, total, gratuito, infinito. Tú le creaste, le guardaste durante toda su vida y ahora le estás conduciendo hacia ti, como los ríos van a desembocar al mar.

En estos momentos, más que nunca, le proteges, le mantienes en tu presencia, le cuidas de día y de noche y, sin embargo, a mí, y creo que, a toda la familia, nos parece que los únicos importantes somos nosotros.

Nunca había entendido bien las palabras de Jesús cuando dice que el siervo, después de estar arando o pastoreando toda la jornada, no debe esperar nada como recompensa a su trabajo, sino decir siempre: «Soy un siervo «inútil», he hecho simplemente lo que tenía que hacer».

Quizás quiere advertirnos del peligro que encierra el creer que valemos mucho y merecemos una recompensa por ser tan útiles a los demás. Todos tendemos a sustituir a Dios y constituirnos en dioses. Pero él es el único, porque mantiene su presencia en toda situación y momento. De él nacemos y hacia él caminamos.

¡Jesús! Tú has sido durante toda su vida el «Gran Amigo» de papá. El «siempre presente». Le amas hasta el extremo y das tu vida por él. Y luego no te quedas a esperar los aplausos, sino que te veo ahí, en el segundo plano, en la sombra, dejando que los demás seamos los protagonistas. ¡Cómo me habla esta actitud tuya, este lenguaje silencioso de tu cruz!

No te harás escultura ni imagen alguna ni de lo que hay arriba en los cielos, ni de lo que hay abajo en la tierra, ni de lo que hay en las aguas debajo de la tierra

La prohibición de fabricar ídolos e incluso imágenes de Yahveh es un hecho sin precedente en la historia de las religiones. Con este mandamiento se pone el acento sobre la «inapropiabilidad» de Dios.

El Dios de la Biblia es invisible y solo se da a conocer por sus obras, su voz, su palabra. Es infinito y no puede ser limitado en representaciones concretas. No quiere que nos engañemos siguiendo a un dios imaginario y, por tanto, irreal.

El pueblo de Israel interpretaba esta disposición en toda su literalidad. Es significativo que en el templo de Jerusalén no había ninguna imagen de Yahveh. El Señor está siempre presente y por esto no se necesitan retratos que lo recuerden.

Quizás hoy el gran peligro es confundir a Dios con determinadas formas intelectuales o imaginativas nuestras. En este sentido, el segundo mandamiento afirma que Dios es siempre más, que sobrepasa infinitamente lo expresado en cualquier descripción, que no tenemos derecho a reducirlo a lo que nosotros podemos entender, figurarnos y experimentar de él.

Hermanos Álvarez: Recuerdo que cuando tuviste las primeras incontinencias, me angustiaba mucho pensar en cómo lo solucionaríamos: ¿cómo ponerte el primer pañal?, ¿cómo decírtelo?, ¿cómo lo acogerías?, ¿cómo lo aceptaríamos los demás? Desconocía todo acerca de los pañales: cómo se compraban, se ponían, cómo eran. Me lo imaginaba muy difícil, traumático y que nos crearía una gran complicación.

La realidad es que ha resultado bastante sencillo y fácil. Todo se ha desarrollado de forma muy natural y lo has ido asumiendo bien, casi sin darte cuenta.

Esta experiencia me ha proporcionado una importante enseñanza para convivir con el Alzheimer y, en general, para mi vida: no imaginar nunca, no intentar adivinar la evolución de la enfermedad, ni las reacciones de papá ni las nuestras, sino ir paso a paso, solucionando los problemas según van apareciendo. Dar rienda suelta a nuestros fantasmas y temores mentales suele ser muy angustioso y, generalmente, no se corresponde con la realidad venidera.

Recuerda el día del sábado para santificarlo

Santificar el sábado es consagrar al Dios Santo este día de la semana, reconocer explícitamente que el tiempo le pertenece, que es don suyo. Es el memorial del acto salvador y del cese de la esclavitud.

La celebración del sábado hace vivir al pueblo en el gozo de pertenecer a Dios y se significa con el descanso de todas las ocupaciones.

Es un reposo que no afecta solamente a los hijos de Israel, sino también a sus esclavos y ganados, como signo de que la creación entera depende de Dios.

El «amor al sábado» es el amor al espíritu en forma de tiempo. Es entrar en la dimensión en la cual lo humano coexiste con lo divino, irrumpir en la eternidad.

Hermanos Álvarez: En esta nueva realidad, que por otra parte no es tan infrecuente, hay muchos enfermos y familias en la misma situación, ¿qué se resiente?, ¿qué me falta? La oración, la meditación, el trato con Dios… y, debilitándose esto, mi vida empieza a perder su precario sentido.

¡Que siete meses de inconsciencia!, de vivir el día a día sin darme demasiada cuenta de lo que estaba ocurriendo, sin tiempo de reflexión, sin margen de maniobra, solo aguantando, con la respiración contenida. Y, en un momento de más sosiego, nace una tímida luz e intento clarificar lo que me ha pasado.

Hay personas que encuentran su sentido de la vida en la acción y cuanto más ocupadas están, mejor se sienten. Yo descubro en estas líneas que necesito la inactividad, la reflexión, el silencio, para no perder el rumbo. Esto quizás me esclavice y me convierta en un ávido buscador de «vacíos», pero me doy cuenta de que, a pesar de ello, he sido capaz de olvidarme de mí y entregarme un poco a los demás.

Honra a tu padre y a tu madre

Yahveh, el Señor de la vida, a sí mismo se llama "Padre". Honrar a los padres significa darles toda la importancia que tienen como instrumentos de Dios en la transmisión de la vida, reconocerlos a causa de su valor eminente. Este amor reverencial surge en el instante del nacimiento y fluye hacia los seres más próximos, los padres, y va creciendo hasta incluir la gran familia humana.

Hermanos Álvarez: Durante muchos años no nos hemos entendido bien, papá, pero creo que ahora voy comprendiéndote mejor.

Pienso que has conectado con lo más auténtico del ser humano, lo has desarrollado y te ha hecho feliz. Luchaste por tus ideales, te forjaste un porvenir desde la nada, formaste una familia y la sacaste adelante y ahora, en la enfermedad, nos «peleamos» por cuidarte. Todo manifiesta que has llevado una existencia plenamente humana hasta el fin.

El «marchamo» de que ha sido así lo tienes en la vuelta a casa de Ernestina para cuidarte, en la preocupación constante de María Jesús, en el cariño de mamá o en mi permanencia en casa. Éste es el fruto de tu vida: el amor. Es el certificado de una existencia plena, pero no tanto el que nosotros podamos sentir hacia los demás, sino el que nos tienen los próximos, el que provocamos a nuestro alrededor.

Ahora, papá, eres como una flecha dirigida a nuestros corazones que hace que éstos se desborden en amor y cariño. Y éste es el sentido de la vida, lo natural: una flecha que se llama necesidad se clava en nuestro corazón y éste se deshace en atenciones. Así de sencillo y de fácil, de sin méritos, así de humano.

No matarás

En sentido negativo este principio impide quitar la vida y se incluye también la prohibición de cualquier tipo de agresión y violencia, aunque sea meramente interior, contra cualquier ser creado. En su aspecto afirmativo se trata de hacerla crecer la vida, de contribuir a que siga ascendiendo hacia su plenitud.

¿De dónde brota esta máxima? ¿Qué nos mueve a no matar? Quizás la certeza de que todos estamos unidos, formando una sola realidad en la que cada ser es único, irrepetible, insustituible y necesario. Pudiera ser el convencimiento de que la vida camina solo si la vamos acompañando, estimulando, empujando y que nuestra principal tarea en este mundo es vivir.

Hermanos Álvarez: Recuerdo que cuando decidí ingresar en el Monasterio benedictino de Santa María de Carbajal de León y os lo comenté en casa, os llevasteis un gran disgusto.

Una tarde estaba estudiando la Biblia y me dijiste: «No sé qué habrás encontrado en ese libro para que haya podido dar la vuelta a toda tu vida tan bruscamente».

Mi experiencia fue que lo que ahí se decía me iba cambiando. Había leído muchas obras y supongo que habrían dejado en mí alguna huella, mayor o menor según la sintonía, pero esto era diferente. Me parecía que aquellas palabras ¡estaban vivas! A veces me daban miedo; otras: alegría, paz, nerviosismo. Era como si en lugar de estar frente a un libro estuviera frente a una persona, hablando con ella, discutiendo, comentándole mis problemas, presentándole mis deseos e ilusiones; y ella me estuviera escuchando y respondiendo.

Además, experimento que esta Palabra me va transformando, aunque muy lentamente, mediante un trabajo constante de martilleo, como hace el agua con las piedras hasta formar esas preciosas columnas y figuras que observamos en las cuevas.

No cometerás adulterio

La Biblia toma muy en serio el amor, el matrimonio y la fecundidad. Todo lo que está en relación con la vida y su origen tiene un carácter sagrado, pues está en conexión estrecha con Dios.

Este mandamiento nos alerta contra las inconstancias y los egoísmos. ¡Hay tantas incoherencias que se camuflan como amor!

Sentimos constantemente la tentación de cambiar el objeto de nuestro amor, porque todo llega a cansar incluso eso que decimos «querer». Somos como veletas dejándonos llevar por el primer impulso que aparece. Pero la felicidad de la persona reside en su capacidad de mantenerse en el amor primero viviéndolo en profundidad.

Hermanos Álvarez: No creo que este vivir solo para Dios excluya, en modo alguno, el amor y la relación con los hombres.

Tú lo has podido comprobar ahora. Cuando me fui al monasterio tenías mucho miedo de no volverme a ver. Decías que os abandonaba en un momento en que, por la edad, me ibais a necesitar. Ya has visto que eso no es cierto. No solo no me has perdido, sino que me has tenido a tu disposición y a la de la familia cuando ha sido necesario. Has ganado además una comunidad de monjas que te quieren y que no dudan en ningún momento en desear y hacer posible que yo te esté atendiendo.

Esta gratuidad no se entiende fácilmente en un mundo en el que todos intentamos vivir desde intereses personales, sin ceder nuestros proyectos ni nuestro tiempo. Encontrarme con una comunidad así me lleva a afirmar, con más fuerza aún, que Dios existe y que es bueno, que es

No robarás

También esta disposición es una apuesta a favor de la vida. Nadie es dueño de las cosas: «La tierra es mía y vosotros huéspedes de paso» (Lv 25,23). No somos amos absolutos de los bienes, solo administradores y respondemos ante Dios de lo que se nos ha confiado.

Cumplir esta máxima supone considerar las cosas no en función de uno mismo, sino de un todo mayor que incluye todas las dimensiones del ser humano.

El peor hurto que podemos cometer es robarnos a nosotros mismos lo más grande que tenemos: el espíritu y quedar convertidos en un objeto más.

No darás testimonio falso contra tu prójimo ni codiciarás nada suyo

La gravedad del testimonio falso y de cualquier forma de mentira radica en que destruye el fundamento mismo de la verdad.

Debemos buscar y entregarnos a la verdad mediante la capacidad de alegrarse por el bien, se encuentre donde se encuentre.

Esta disposición no se refiere solo a actos externos, sino que ahondan hasta las disposiciones más profundas del corazón. Se trata de no ambicionar, no retener para sí, no tirar de los demás para satisfacer nuestras necesidades, no solo físicas; sino, principalmente, afectivas.

Supone no querer controlar a las personas ni sus situaciones, no exprimirles ni material ni espiritualmente.

Padres del desierto

Dijo el abad Daniel que su abad le contó que estando en su celda oyó una voz que le decía:

—Ven, y te mostraré las obras de los hombres.

Se levantó y salió. Le llevaron a un lugar donde estaba un etíope cortando leña para hacer un haz muy grande. Intentó levantar el haz, pero no podía y en vez de aligerarlo cortaba más leña y la añadía al enorme haz. Un poco más lejos, le enseñó un hombre al borde de un lago. Llenaba de agua un balde y lo echaba en una cisterna agrietada y el agua se escapaba de nuevo al agua.

El anciano oyó la voz que le decía:

—Ven que te voy a enseñar otra cosa.

Y vio un templo y dos hombres a caballo que llevaban, entre los dos, un tronco atravesado sobre sus monturas. Intentaban entrar en el templo por la puerta, pero no podían a causa del tronco atravesado que llevaban. Ninguno de los dos consentía en colocarse detrás para que el tronco girase noventa grados, y se quedaron los dos fuera del templo.

Al preguntar el anciano qué significaba aquello, le fue respondido:

—Los últimos son los que llevan con orgullo el yugo de la justicia. No se humillan para rectificar su conducta y caminar con humildad por el camino de Cristo y se quedan fuera del Reino de Dios. El que cortaba leña, es el gran pecador que no hace penitencia por sus pecados, ni se aparta de ellos, sino que, al contrario, añade pecado sobre pecado. El que llena de agua la cisterna, es el hombre que hace buenas obras, pero mezcla en ellas otras malas, y por éstas pierde también aquellas. Es preciso, pues, que la persona vigile sus propias obras, para que no trabaje en vano.

La riqueza de vida interior que florecía en las celdas de los desiertos tenía el peligro de ser únicamente una bonita fantasía, un sueño.

Por esto, para los monjes, las obras eran las que contaban. La auténtica virtud se encontraba más en hacer que en decir; no consistía en conocer la Sagrada Escritura, sino en actuar según el querer de Dios.

El verdadero sabio era el que enseñaba más con sus actos que con sus palabras. El que instruía a los demás y no lo ponía en práctica, era como quien limpiaba a otros y él se quedaba sucio. Era necesario que la persona vigilase sus acciones para que no se engañase y trabajase en vano.

Las obras tienen una materialidad, una cierta objetividad, que las convierte en buenos jueces de los estados de consciencia que las producen: analizándolas podemos llegar a conocer el estado de ánimo con el que las realizamos.

LA FUERZA DE LA ORACIÓN: LA TIENDA DEL ENCUENTRO

> *«Seis días después, toma Jesús consigo a Pedro, a Santiago y a su hermano Juan, y se los lleva aparte, a un monte alto. Y se transfiguró delante de ellos»* (Mt 17,1-2).

La «Tienda del Encuentro» o «Tienda de la Reunión» era la morada sagrada que los israelitas construyeron para que Dios habitara entre ellos.

Probablemente era una sencilla tienda de campaña que montaban a las afueras del campamento y que servía para reunirse con el

Señor y conocer su voluntad. Contenía las Tablas de la Ley con los diez mandamientos entregados a Moisés en el Sinaí.

Este tabernáculo era portátil y acompañaba al pueblo en sus desplazamientos por el desierto: «Yahvéh habló a Moisés diciendo: "Me harás un Santuario para que yo habite en medio de ellos" […] Tomó Moisés la Tienda y la plantó para él a cierta distancia fuera del campamento y la llamó Tienda del Encuentro. De modo que todo el que tenía que consultar a Yahveh salía hacia la Tienda del Encuentro que estaba fuera del campamento» (Ex 25,8; 33,7).

La presencia divina descendía sobre la Tienda en forma de columna de nube y entonces se producía el encuentro con Yahveh: «Y una vez entrado Moisés en la Tienda, bajaba la columna de nube y se detenía a la puerta de la Tienda, mientras Yahveh hablaba con Moisés. Todo el pueblo veía la columna de nube detenida a la puerta de la Tienda y se levantaba el pueblo y cada cual se postraba junto a la puerta de su tienda» (*Ex* 33,9-11).

Para descubrir el auténtico rostro de Dios es preciso entrar en comunión con Él, esto es lo que se llama oración. La fuerza para vivir nos viene de la relación que establecemos con el Señor. Es de tal magnitud esta vocación que no solo el hombre, sino toda la creación es llamada a participar: «Oran todas las criaturas, oran los ganados y las fieras, que se arrodillan al salir de sus establos y cuevas y miran al cielo, pues no hacen vibrar en vano el aire con sus voces. Incluso las aves, cuando levantan el vuelo y se elevan hasta el cielo, extienden sus alas como si fueran manos y hacen algo que parece también oración» [14].

En las situaciones difíciles y dolorosas también la manera de orar se modifica. Nosotros, por la llegada de la enfermedad de papá, hemos visto potenciadas aquellas formas de orara que las

---

[14] Tertuliano. *Tratado sobre la Oración. Caps. 28-29.*

circunstancias diarias nos han permitido realizar más fácilmente. Es el caso de la oración de silencio, la oración con la respiración, la oración de Jesús, la oración con los salmos y la oración con la vida.

Oración de silencio

Las personas que estamos pasando por estados críticos tenemos mucha necesidad de silencio interior para unificar nuestra vida dispersa, dejar las preocupaciones agobiantes, las inquietudes, el tumulto de pensamientos que constantemente nos asaltan, y entrar en nosotros mismos. Mediante el silencio podemos observarlos y distanciarnos de ellos, de manera que no ocupen mucho «espacio».

Al igual que intentamos que papá esté bien cuidado y todo a su alrededor ordenado; nos esforzamos, también, en lograr nuestra armonía interna.

A lo largo del día y de la noche se nos presentan muchas ocasiones para practicar esta quietud interior: durante los ratos dando de comer a papá, en esas noches que se pasan prácticamente en vela, en los paseos con la silla de ruedas; todas son circunstancias propicias para entrar en nosotros mismos, resituarnos, equilibrarnos.

El silencio es una importante fuente de sanación, que nos permite obrar con reposo, sin prisas, con una calma profunda, para poder desarrollar todas las funciones que requiere las actividades de cuidador.

Sin embargo, analizando un poco los silencios que hemos tenido en estos seis años nos damos cuenta de que no todos han sido buenos, los hay también provocados por la angustia y depresión, la indiferencia, el resentimiento, el mal humor, el rechazo de los otros, el cansancio. Esto nos empuja a buscar el auténtico silencio como camino para llegar a la verdad de lo que somos.

A nadie le pasa desapercibido el tremendo esfuerzo que cuesta crear silencio en uno mismo. Es como una obra de arte, una escultura que ha de ser tallada golpe a golpe, porque implica un vaciarse de todo.

Lo primero que debemos parar son los requerimientos del «yo superficial», que continuamente nos mueven a hacer, cambiar, tener, dominar, hablar, destacar, mandar, poseer.

Precisamos un acto de rebeldía contra nuestro propio desorden, ir dejando que las emociones y pensamientos se vayan agotando por sí mismas: «Un hombre preguntó a un monje: "¿Qué aprendes tú del silencio?" El monje estaba sacando agua de un pozo y le dijo al hombre: "¿Qué ves mirando al fondo del pozo?". "No veo nada", respondió el hombre. Pasó un rato en el que el monje permaneció quieto sin sacar agua y le preguntó de nuevo al hombre: "¿Qué ves ahora?" El hombre se inclinó para mirar y dijo: "Ahora me veo a mí mismo en el espejo del agua". El monje le dijo: "Cuando el agua está agitada no ves nada. Así es el silencio: en la paz y el sosiego la persona se descubre a sí mismo"».

El silencio tiene también otra dimensión mucho más profunda: es lugar de encuentro con Dios. Nos hace penetrar en nuestra propia morada y percibir el calor del hogar, el «calor de Dios».

El silencio es oración como lo es una flor que se abre y se dirige al sol. Para descubrir el Misterio de la vida, comulgar con Dios en cada situación como lugar de revelación, son imprescindibles largos tiempos en quietud y soledad.

Se ha insistido mucho en que Dios es comunicación y que creó mediante su Palabra. Y es bien cierto, el libro del Génesis así nos lo dice: «Dijo Dios. Haya luz y hubo luz» (Gn 1,3).

Sin embargo, lo primero fue un «silencio inmenso» que correspondía al vacío de la nada. Esa nada, ese silencio, se condensó progresivamente hasta formar un punto sonoro que contenía toda la potencialidad de la Palabra y por lo tanto toda la energía de la creación.

Tras la teofanía del Sinaí, los israelitas siguieron su camino por el desierto, pero ya nada era lo mismo. Notaban que Alguien los acompañaba, una presencia silenciosa —nube— les envolvía: «En todas las marchas, cuando la Nube se elevaba de encima de la Tienda, los israelitas levantaban el campamento. Pero si la Nube no se elevaba, ellos no levantaban el campamento, en espera del día en que se elevara» (Ex 40,37).

El libro de los Números describe, de forma impresionante, esta nueva relación entre Dios y su pueblo: «Cuando se levantaba la nube de encima de la Tienda, los israelitas levantaban el campamento y en el lugar en el que se paraba la Nube, acampaban los israelitas. A la orden de Yahveh partían los israelitas y a la orden de Yahveh acampaban. Quedaban acampados todos los días que la Nube estaba parada sobre la Morada. Si se detenía la Nube muchos días sobre la Morada, los israelitas cumplían con el culto de Yahveh y no partían. En cambio, si la Nube estaba sobre la Morada pocos días, a la orden de Yahveh acampaban y a la orden de Yahveh partían. Si la Nube estaba sobre la Morada solo de la noche a la mañana, y por la mañana se alzaba, ellos partían. Si estaba un día y una noche y luego se elevaba, partían [...] A la orden de Yahveh acampaban y a la orden de Yahveh movían el campamento» (Nm 9,17-23).

Para desarrollarnos plenamente necesitamos una gran compenetración con Dios. Yahveh baja «calladamente» —envuelto en su misterio— y, sin dejar de ser silencio, establece una comunicación profunda y una comunión de vida insospechadamente íntima con nosotros. No se encuentran palabras para expresar esta experiencia real y vivísima de Dios.

Este diálogo íntimo con la divinidad se refleja incluso en el exterior de la persona, en su rostro: «Luego bajó Moisés del monte Sinaí y cuando bajó del monte con las dos tablas del Testimonio en su mano, no sabía que la piel de su rostro se había vuelto radiante, por haber hablado con el Señor» (Ex 34,29).

Todos tenemos la posibilidad y la esperanza de llegar a esa misma comunión. Debemos, para ello, disponer un lugar y un tiempo para encontrarnos con Dios y ese lugar y ese tiempo pueden ser «la nube», el silencio.

Orar con la respiración

El término respiración aparece en la Biblia como sinónimo de Espíritu: «Dios sopló sobre el hombre un aliento de vida y resultó el hombre un ser viviente» (Gn 2,7).

El verdadero origen de cada uno de nosotros es «la respiración de Dios», que es hálito de vida, vehículo de lo divino, don de Dios que nos da su ser instante tras instante. Así, la respiración se convierte es auténtica oración.

Dios es el gran aliento de todos los seres vivos, que tenemos un continuo nacimiento y muerte en este inspirar y espirar con Dios.

Con cada inhalación recibimos realmente la fuerza eficaz y efectiva del Espíritu que entra en nuestra vida y la llena e ilumina. El Espíritu Santo es nuestro defensor, el único que verdaderamente se pone siempre de nuestra parte. Esta certeza nos llena de una alegría incontenible.

Lo mismo que la respiración, el Espíritu está siempre con nosotros. El «Paráclito» (griego) o «Consolator» (latín) literalmente significa: «El que está con nosotros cuando estamos solos».

El Espíritu vence el núcleo central de nuestro sufrimiento, que es la soledad sin amor. El Espíritu, el consolador, nos dice constantemente que no estamos solos, sino que somos amados y que Dios se ha hecho presente en nuestra soledad y la ha llenado con su aliento.

La oración de Jesús

El hecho de orar, de relacionarnos con Dios, puede ir también acompañado de palabras.

La repetición de una breve frase o incluso una sola palabra neutraliza nuestra negatividad y nos llena de dicha; entra en el corazón ordenando los sentimientos.

Dentro de esta forma de oración está la conocida en la Iglesia ortodoxa con el nombre de «Oración de Jesús»; una de las más sencillas de todas las plegarias cristianas.

Consiste en la repetición constante de una sola expresión: «Señor Jesucristo, Hijo de Dios, ten piedad de mí que soy un pecador», que puede ir reduciéndose hasta simplemente el nombre de Jesús.

Esta reiteración va adquiriendo, en cada uno de nosotros, un ritmo propio de acuerdo con nuestro estado, actividad, necesidades, y es muy frecuente que algunos la acompasen con los latidos del corazón o con la respiración.

Con la práctica se convierte en «oración continua», incluso en medio de las tareas más intensas de la jornada, llegando a ser una fuente inagotable de paz y alegría.

Esta invocación tiene su origen en el Nuevo Testamento, en las palabras del ciego de Jericó: «Jesús, Hijo de David, ten piedad de mí» y del Publicano: «Oh Dios, ten piedad de mí que soy un pecador».

Los primeros en practicarla fueron los monjes egipcios del siglo IV y, desde entonces, esta tradición orante ha permanecido en la Iglesia ortodoxa y ha sido conocida también en occidente.

Su «éxito» se debe a su simplicidad. Se concentra solo en el nombre de Jesús sin ningún tipo de meditación o reflexión. Es una manera de rezar tan sencilla que puede ser adoptada por todos y realizada en cualquier situación: mientras se trabaja, se da de comer, se pasea, se ve la televisión. No requiere ningún conocimiento ni ninguna preparación especial.

Orar con los salmos

En la Sagrada Escritura nos encontramos con el Libro de los Salmos. Son ciento cincuenta poesías de muy diferentes épocas probablemente escritas entre el s. IX y el III a.C., y de autores casi todos desconocidos.

Verdadero tesoro de la literatura judía y universal con el que el pueblo hebreo ha orado y lo sigue haciendo de generación en generación. Son también el «alimento» que constituye la plegaria diaria de las Iglesias cristianas.

En los salmos se expresa todo lo humano y por ello podemos adentrarnos en las palabras del poema y hacerlas nuestras. Son gritos de admiración, alegría, dolor, sufrimiento, duda. Voces del hombre y la mujer que buscan sentido, claridad, amor, comprensión...; que, ante la vida, se pregunta, acepta, rechaza.

Son testimonios de la búsqueda esperanzada y del anhelo de plenitud que todos llevamos dentro de nosotros. Por eso son vitales para todos los que intentamos vivir los acontecimientos desde una actitud de profundidad.

Los salmos no son ideas; son «seres vivos» que lloran, hablan, gimen, ríen; en cada poema va una vida, y hay vida.

El salterio es, ante todo, un libro de oración, porque son cantos de seres concretos que han conocido quién es Dios a través de su propia experiencia.

Los israelitas aprendieron lentamente a dirigirse a Dios a través de todas las situaciones por las que pasaban. Por ello, en los salmos, no hay nada simbólico o abstracto; todo brota de las vivencias humanas.

Los salmos han sido escritos por seres enfermos, angustiados, felices, miedosos, atribulados, gozosos, confiados que, a través de estas experiencias, han entrado en diálogo con Dios. Para ellos Dios no es un ser lejano, indeterminado, sino alguien muy cercano a quien pueden dirigirse y exponerle su situación.

Mediante la oración con los salmos se produce el encuentro con Dios. Establecemos una relación personal y única que nos aporta la seguridad existencial de que hay «alguien» que nos atiende y entiende y que además nos quiere y ayuda.

Por ser un libro inspirado el salterio nos descubre cómo Dios mismo quiere que le recemos, ya que nos proporciona las palabras que desea que le dirijamos.

Para el cristiano los salmos tienen aún un valor superior, porque nos unen a Cristo que los rezó y reza con nosotros.

Para orar con los salmos tenemos que experimentar, en nuestro propio corazón, los sentimientos que ellos expresan y hacer nuestro el sentido que despliegan. Debemos ser como los salmistas: hombres y mujeres que viven con intensidad la realidad diaria desde una actitud creyente, y tomar prestadas sus palabras para dirigirnos a Dios.

En los momentos malos podemos elegir un salmo o un versículo y recitarlo lentamente, parándonos en él hasta que vaya cobrando sentido. Notaremos que en nuestro interior ocurre algo grande, una transformación, y podremos comprobar cómo nuestras vivencias quedan transfiguradas. Rezando despacio, dando tiempo a que las palabras resuenen, surgen sentimientos de alegría, perdón, confianza, valor.

Cuando hemos estado angustiados por la enfermedad de papá y el futuro nos parecía amenazante y tenebroso, hemos orado con algún salmo de confianza. Esto nos ha permitido «esperar contra toda esperanza». A veces, cuando se conocen bien, no es necesario rezar el salmo entero, con decir una sola frase se recrea mentalmente todo lo contenido en él:

—«El Señor es mi Pastor, nada me falta» (salmo 22).

—«El Señor es mi luz y mi salvación, ¿a quién temeré?» (salmo 26).

—«En paz me acuesto y en seguida me duermo, porque tú solo Señor me haces vivir tranquilo» (salmo 4).

—«Como un niño en brazos de su madre espero en el Señor ahora y por siempre» (salmo 130),

—«Dichoso el hombre que ha puesto su confianza en el Señor» (salmo 39).

—«El auxilio me viene del Señor que hizo el cielo y la tierra. No permitirá que resbale tu pie, tu guardián no duerme, no duerme ni reposa el guardián de Israel» (salmo 120).

También, a veces, se nos han presentado sentimientos de culpa y nos hemos «agarrado» al salmo 31: «Tú perdonaste mi culpa y mi pecado»; al 129: «De ti, Señor procede el perdón»; al 50: «Misericordia, Dios mío, por tu bondad»; al 102: «El Señor es bueno con todos, es cariñoso con todas sus criaturas. Porque Él conoce nuestra masa, se acuerda de que somos barro». Estos salmos nos hacen sentirnos perdonados y reconciliados sobre todo con nosotros mismos y con nuestras deficiencias.

La gratitud hacia Dios al experimentar su fuerza y su ayuda, han hecho brotar de nuestro interior estremecimientos de alabanza y de agradecimiento: «Señor, dueño nuestro, que admirable es tu nombre en toda la tierra…» (salmo 8) o «Toda mi vida te bendeciré…» (salmo 62) o «Señor, qué grande eres, te vistes de belleza y majestad…» (salmo 102).

¡Cómo no sentir también la alegría de la vida! y hemos hecho nuestras las palabras del salmo 29: «Me desataste el sayal y me has vestido de fiesta. Te cantará mi alma sin callarse».

También hemos experimentado en muchas ocasiones la alegría de estar toda la familia junta, ¡tantos buenos ratos compartidos!, y hemos pronunciado las palabras del salmo 132: «Ved que dulzura que delicia convivir los hermanos unidos».

El momento presente: orar con la vida

Si nos preguntaran qué es lo más importante de la vida, podríamos responder que es ella misma. No necesita más justificación ni motivación que realizarla en su plenitud. ¿Por qué? Porque en su propia esencia se halla Dios.

Podemos estar en oración constante si «encontramos» a Dios en la vida, porque ella está siempre con nosotros.

Si nos relacionamos con un «Dios idea», él desaparecerá cuando nuestra mente cambie de objeto. Pero el Dios que descubrimos en la vida no se eclipsa nunca, sino que resplandece en todos sus momentos que, de esta manera, nos «saben» a él. Dios es la vida y ésta es Dios.

A través de la realidad cotidiana podemos encontrarnos sin esfuerzo con un Dios real y vivo. Él es la «música» que resuena en cada cosa. Obrando en la plenitud del instante presente somos santificados y recreados a imagen y semejanza de Dios.

En estos años cuidando a papá hemos sentido la importancia de descubrir la presencia de Dios en la vida, porque es muy real y, sobre todo, muy sólida: no engaña ni la podemos manipular.

Creemos que Dios se ha querido unir a nosotros a través de los acontecimientos ocurridos en este tiempo: los agradables y los desagradables. Cada instante se ha transformado en oración —en comunión con el Señor— en la medida en que hemos estado atentos al momento.

Antes de esta experiencia nos habíamos esforzado por tener pensamientos «elevados» y espirituales durante todo el día, por mantener siempre en la mente la presencia de Dios como un concepto. Pero actualmente, nuestra oración se centra en «el ahora»: al andar, dar de comer a papá, leer, en la calle, en casa, en el médico; también en los momentos malos en los que está más grave, casi en coma, o se nos cae, ¡tantas veces!, a pesar del gran cuidado que ponemos.

Para realizar esta experiencia de oración hemos necesitado que cada actividad vaya acompañada del mayor grado de atención interior posible: ser consciente de lo que estoy haciendo, de eso y de nada más. Pero a su vez nos exige dar al momento presente, al instante fugaz, un sentido más allá de su caducidad y verlo inscrito en un proyecto que nos supera, pero que confiamos es para nuestro bien.

El gran peligro que siempre acecha es el cansancio y aburrimiento que nos produce lo cotidiano. Unas palabras del gran poeta Rainer María Rilke nos dan la pauta para vencer esta sensación: «No se queje de lo cotidiano si le parece pobre. Quéjese de usted mismo; de no ser lo bastante poeta como para hacer venir a usted sus riquezas. Para el creador, nada es pobre. No hay lugares pobres, indiferentes»[15].

Padres del desierto

Preguntaron unos al abad Macario:

—¿Cómo debemos orar?

Y él les dijo:

—No es preciso hablar mucho en la oración, sino levantar con frecuencia las manos y decir: «Señor, ten piedad de mí, como tú quieres y como tú sabes».

Si tu alma se ve atribulada, di: «¡Ayúdame! Y como Dios sabe lo que nos conviene, se compadece de nosotros.

La oración era el alimento, el aire, de los monjes del desierto; el mejor remedio contra las tentaciones, porque consolidaba, estabilizaba y daba fuerza a la mente inestable.

Poco a poco, y siguiendo el mandato divino, empezaron a comprender la necesidad de orar continua e ininterrumpidamente. Quizás por ello fueron muy conscientes de que nada exige tanto trabajo como ser perseverante en el trato con Dios.

Además, se dieron cuenta de que para ser escuchados por Dios había que saber orar bien, purificarse, y entonces se podían producir grandes milagros.

Los demonios nada podían ni contra los que oraban ni contra los destinatarios de las plegarias. La oración era el gran canal de comunicación de amor y fuerza entre ellos, encerrados en sus celdas y de las que no solían salir.

---

[15] Rainer-María Rilke. *Cartas a un joven poeta.*

La experiencia final de estos hombres era que la oración se convertía en un fuego que abrasaba, inundaba toda la persona.

SE REDUCE LA VIDA: EL BECERRO DE ORO

> *«El diablo lleva consigo a Jesús a un monte muy alto, le muestra todos los reinos del mundo, y le dice: "Todo esto te lo daré si postrándote me adoras". Dícele entonces Jesús: "Apártate, Satanás, porque está escrito: "Al Señor tu Dios adorarás y solo a él darás culto"". Entonces el diablo le deja. Y he aquí que se acercaron unos ángeles y le servían» (Mt 4,8-11).*

Al descender de la montaña, Moisés descubre que, en su ausencia y bajo la dirección de su hermano Aarón, los israelitas han fabricado la imagen de un becerro de oro y la adoran haciendo de ella un altar: «Cuando el pueblo vio que Moisés tardaba en bajar del monte, se reunió el pueblo en torno de Aarón y le dijeron: "Anda, haznos un dios que vaya delante de nosotros, ya que no sabemos qué ha sido de Moisés, el hombre que nos sacó de la tierra de Egipto". Aarón les respondió: "Quitad los pendientes de oro de las orejas de vuestras mujeres, de vuestros hijos y vuestras hijas, y traédmelos". Y todo el pueblo se quitó los pendientes de oro que llevaba en las orejas y los entregó a Aarón. Los tomó él de sus manos, hizo un molde y fundió un becerro. Entonces ellos exclamaron: "Este es tu Dios, Israel, el que te ha sacado de la tierra de Egipto". Viendo esto Aarón erigió un altar ante el becerro y anunció: "Mañana habrá fiesta en honor de Yahveh"» (Ex 32,1-5).

Moisés enfurecido rompe las Tablas de la Ley y destruye el becerro. Es realmente sorprendente este relato. ¿Cómo puede el pueblo depositar su confianza en una simple estatua de metal?

Parece como si el texto quisiera provocarnos la risa, pero el verdadero significado va mucho más allá.

Notamos que la culpa no reside en que el pueblo abandone a Dios, ni siquiera en el apego a las riquezas, ya que llegan a desprenderse de sus propias joyas para hacer la estatua; la falta va contra el segundo mandamiento del decálogo, que advertía tajantemente: «No te harás escultura ni imagen alguna […] No te postrarás ante ellas ni les darás culto» (Ex 20,4-6).

¿Qué ha pasado? Los israelitas se han cansado de vivir de fe, de seguir a un Dios invisible. Por eso piden uno que se pueda ver. Quieren seguridades palpables, no son capaces de fiarse del Dios que les sacó de Egipto, pero que permanece Misterio.

Debemos reconocer que también es ése, con demasiada frecuencia, el problema de los que estamos pasando momentos de desconcierto. Queremos saber cómo va a discurrir todo, su evolución, el desenlace, no nos gustan las sorpresas. Deseamos una vida a nuestro alcance y medida. Buscamos «aferrarnos» a lo que sea. Nos asusta abandonarnos del todo a la realidad, al Señor, a su acción, a sus planes. Surge, entonces, ¡el gran peligro!: fabricarnos ídolos a los que adorar.

¿Qué son en el fondo los ídolos? Es restringir la vida a una sola de sus dimensiones, es sintetizar el problema en una ecuación y escoger un elemento y hacerlo único. Así podemos reducir la persona al «cuerpo» e idolatramos todo lo relacionado con él: el aspecto físico, la salud, la fuerza, el placer, y oscurecemos las demás facetas del ser humano. También podemos reducir la persona a la razón, a los sentimientos, o al espíritu.

Este «reduccionismo» no es un capricho. Tiene su justificación en que alivia la angustia que nos produce el tener que equilibrar y mantener todas nuestras dimensiones abiertas. Elegir una «parte» y dedicarnos a ella elimina la tensión con las demás facetas y nos proporciona seguridad; pero nos hace esclavos e incompletos.

Cambiamos la vida —con su inquietud, su irreductibilidad, su misterio—, por un ídolo fabricado por nuestras manos. Esto disminuye nuestra ansiedad vital, pero solo a corto plazo, con el tiempo este fetiche nos empobrece, esclaviza, y aumentará nuestra frustración.

Toda vida está expuesta a la idolatría; sin embargo, cuando se producen situaciones que conllevan una tensión añadida, ésta se da con más facilidad, así como la superstición, la magia, el esoterismo, la adivinación, actividades todas ellas emparentadas. El resultado es que nos apartamos de la ruta verdadera entrando en una vía falsa y quedamos paralizados en nuestro caminar.

Padres del desierto

El abad Teonás decía: «Porque nuestra alma se distrae y se aparta de la contemplación de Dios somos esclavos de nuestras pasiones».

Los eremitas del desierto se convirtieron en «expertos» en las causas y motivaciones de «las crisis». Conocían las suyas propias y las de muchos de sus compañeros, que eran frecuentes en una vida tan radical y exigente como la que seguían.

Para adelantar en la vida espiritual aconsejaban:

-«Es preciso tener siempre a Dios ante los ojos y darle culto».

-«El «enemigo» no hará daño a quien vive unido a Dios».

-«Las pasiones nada podrán con el que tiene el Espíritu Santo».

-«El «temor de Dios» espanta los malos pensamientos».

-«El mismo Dios vendrá en nuestra ayuda si nos fiamos de Él».

CONTINUAMOS EN CRISIS: LA SEGUNDA MARCHA POR EL DESIERTO

LAS RIVALIDADES: MARÍA Y AARÓN MURMURAN CONTRA MOISÉS

«No juzguéis y no seréis juzgados. Porque con el juicio con que juzguéis seréis juzgados, y con la medida con que midáis se os medirá. ¿Cómo es que miras la brizna que hay en el ojo de tu hermano, y no reparas en la viga que hay en tu ojo? ¿O cómo vas a decir a tu hermano: "¿Deja que te saque la brizna del ojo", teniendo la viga en el tuyo? Hipócrita, saca primero la viga de tu ojo, y entonces podrás ver para sacar la brizna del ojo de tu hermano» (Mt 7,1-5).

Tras años por el desierto el pueblo de Israel se encuentra en medio de constantes conflictos, murmuraciones, luchas internas.

Esto es lo que más impresiona: personas que habían presenciado el poder de Dios con sus milagros, su amor y su cuidado; ante cualquier dificultad empiezan a rebelarse contra Él, contra Moisés o a enfadarse entre ellos.

Protestan, por ejemplo, porque no tienen carne y están cansados del "maná": «El pueblo profería quejas amargas a los oídos de Yahveh y Yahveh lo oyó [...] Los israelitas volvieron a sus llantos diciendo: «¿Quién nos dará carne para comer? ¡Cómo nos acordamos del pescado que comíamos de balde en Egipto, y de los pepinos, melones, puerros, cebollas y ajos! En cambio, ahora tenemos el alma seca. No hay nada. Nuestros ojos no ven más que el maná» (Nm 11,1-6).

También se quejan de no tener agua: «No había agua para la comunidad, por lo que se amotinaron contra Moisés y contra Aarón. El pueblo protestó contra Moisés, diciéndole [...] ¿Por qué habéis traído a la asamblea de Yahveh a este desierto para que muramos en él nosotros y nuestros ganados? ¿Por qué nos habéis subido de Egipto para traernos a este lugar pésimo: un lugar donde no hay sembrado, ni higuera, ni viña, ni ganado, y donde no hay ni agua para beber?» (Nm 20,2-5).

Se indignan porque Edón no les deja pasar por sus territorios: «Partieron de Hor de la Montaña, camino del mar de Suf, rodeando la tierra de Edom» (Nm 21,4).

El mismo Moisés se revuelve contra Dios diciéndole: "¿Por qué tratas mal a tu siervo? ¿Por qué no he hallado gracia a tus ojos, para que hayas echado sobre mí la carga de todo este pueblo?» (Nm 11,11).

Tampoco faltan las peleas entre ellos: «María y Aarón murmuraron contra Moisés por causa de la mujer Kusita que había tomado por esposa: por haberse casado con una Kusita. Decían: «¿Es que Yahveh no ha hablado más que con Moisés? ¿No ha hablado también con nosotros?»» (Nm 12,1-2).

Algunos hombres se enfrentan a Moisés por envidia: «Coré, hijo de Yishar, hijo de Quehat, hijo de Leví, Datán y Abirón, hijos de Eliab y On, hijo de Pélet, hijos de Rubén se enorgullecieron y se alzaron contra Moisés junto con doscientos cincuenta israelitas, principales de la comunidad, distinguidos en la asamblea, personajes famosos. Se amotinaron contra Moisés y Aarón y les dijeron: «Esto ya pasa de la raya. Toda la comunidad entera, todos ellos están consagrados y Yahveh está en medio de ellos. ¿Por qué, pues, os encumbráis por encima de la asamblea de Yahveh?» (Nm 16,1-3).

Todas las personas que vivimos una situación de crisis sabemos que, en estos momentos de tensión, es mucho más fácil que surjan las rencillas, discusiones, y que pueden llegar, incluso, a separar familias unidas hasta entonces.

En los momentos de tensión suelen emerger sentimientos muy profundos que no conocíamos o teníamos encerrados. Nos superan, no sabemos de dónde provienen, y pueden causarnos mucho dolor y malestar.

Hermanos Álvarez: El tener un familiar con Alzheimer modifica el entorno y a las personas que rodeamos al enfermo, nadie permanece indiferente. La señora que lleva treinta años ayudando en casa es cada vez más servicial y cariñosa con «el señor» —como le llama—, trayéndole todas las semanas tartas y cualquier cosa que adivine que le pueda agradar.

También el conserje está más atento, al igual que otras personas que solo conocemos por coincidir en el barrio o en la iglesia y con los que nunca habíamos hablado, pero que ahora preguntan por él o simplemente nos sonríen y acompañan un rato con sus miradas.

Cuando veo tan unidos a los que te cuidamos, papá, me parece imposible que surjan divisiones entre nosotros, pero pueden ocurrir; lo hemos vislumbrado un poco y lo conocemos en muchas familias conocidas.

Al tenerte que ingresar de urgencia en un hospital, porque tenías la tensión muy alta, comprendí el contexto, las circunstancias, el ambiente, que hacen que los conflictos broten con facilidad.

Muchas veces el trabajo abundante y la soledad son más fáciles de soportar que tareas más livianas, pero que conllevan ese difícil arte de ceder, acordar, compartir convivir, planear juntos.

Creo que lo que está en juego no es tanto la vida de la persona que estamos cuidando, sino nuestra propia vida, su sentido.

El conflicto está en nuestra naturaleza, lo vivimos a diario y conocemos casos de hermanos que no se hablan después de cuidar ejemplarmente a sus padres. Unos se erigen en «súper cuidadores», otros delegan totalmente la responsabilidad; unos van a la contra, otros se sienten marginados. Multitud de sentimientos que, en estos momentos tan delicados y estando en juego nuestro entronque con la vida —nuestros padres—, nos hacen hipersensibles y la menor chispa puede convertirse en un fuego eterno.

Si no solucionamos bien estas situaciones, nuestras vidas pueden quedar cojas, vacías y andaremos dando vueltas sin una meta clara.

La sombra

En los primeros años de la vida construimos un «yo» con el que nos relacionamos con los demás. Elegimos lo mejor nuestro o, por lo menos, lo que creemos ha tenido éxito; es decir, ha logrado el cariño de las personas más importantes para nosotros: los padres.

Al crear este yo, al elegir algo nuestro, hemos tenido que rechazar determinadas características, necesidades y deseos de nuestra personalidad que no han sido valorados o satisfechos por el entorno, y que por lo tanto hemos considerado malos.

Esta construcción de la persona la realizamos de manera inconsciente y no conocemos con exactitud el material reprimido.

Para mantener la imagen con la que aparecemos en sociedad, la que nos da seguridad, hemos de tener a raya esos elementos secretos que pugnan por salir y que consideramos deleznables, impropios de nosotros.

Esta lucha entre nuestra imagen «súper» y los otros «yoes» ocultos conlleva un importante gasto energético.

Mientras las circunstancias de la vida son propicias podemos permitirnos este lujo, este control; pero cuando estas se tornan críticas, tenemos que utilizar nuestra energía para hacerlas frente y no vamos a disponer de la fuerza necesaria para seguir controlando nuestros demonios internos.

Ya tenemos el escenario perfecto para que surjan los conflictos: situaciones de gran tensión que hacen que asomen los espectros que tenemos encerrados.

Si fuéramos conscientes de este proceso la cuestión no sería tan grave, pero ¿qué suele ocurrir? Ese «otro yo» que convive conmigo y que, cuando menos lo deseo, se deja ver por la puerta de atrás, es un volcán interior ignorado con frecuencia y al que odio con toda mi fuerza. Por lo tanto, no lo voy a reconocer nunca como propio, sería la destrucción de mi máscara, de mi personalidad. Pero está ahí, creciendo, es fuerte y quiere expresarse. ¿Qué hago? Lo dejo salir, manifestarse, pero no lo considero propio, sino como algo del exterior, ajeno, fuera de mí.

Proyecto lo mío en los otros y les atribuyo sentimientos que en realidad me pertenecen, pero que no puedo asumir como propios. Los rasgos que rechazo de mí, y que afloran con poder, se los atribuyo a los otros, como si les pusiese caretas para después condenarlos y criticarlos.

En el fondo aborrecemos en los demás lo que odiamos de nosotros mismos. Si algo del otro me crispa es porque pone de relieve algún aspecto que odio de mí y la intensidad del rechazo me habla de la fuerza de ese aspecto, de mi propia sombra.

La solución de la proyección en los otros es muy buena. En primer lugar, dejo que se manifieste lo que tengo reprimido con lo que se alivia la tensión y, en segundo lugar, al condenarlo en los otros refuerzo la represión sobre este lado oscuro mío. ¡Qué listo soy! o, ¿seré tonto?

Lo que estoy haciendo es llevar al campo exterior mi guerra interna, con lo que la pelea conmigo mismo se va a convertir en una lucha contra el hermano, el padre, la cuñada, el entorno, el mundo.

Una vez que hemos colocado nuestra proyección en el otro, todo lo que venga de él nos llegará mediatizado por el mismo color de ésta: «Todo lo que hace me cae mal».

El remedio para estas situaciones viene del reconocimiento de nuestra sombra, de los rasgos rechazados y trasladados a los otros. Es necesario acoger la sombra desde nuestro ser más profundo, pero sin reducirnos a ella.

Debemos cultivar la humildad y la compasión y, primeramente, con nosotros mismos. Este trabajo limpia nuestro corazón, lo vuelve compasivo ante lo herido y purifica la visión que tenemos de los otros y de la realidad.

Pero si el problema ya es un hecho…

Hermanos Álvarez: El conflicto tiene como bálsamo la sabiduría, que ve en las actitudes diferentes a las nuestras únicamente formas distintas de reaccionar ante una situación que nos supera, y el perdón, porque lo único que mostramos con nuestra violencia y agresividad es una carencia, una necesidad del otro, de su amor.

«Reconciliarse», es una palabra mágica que me habla de volver una y otra vez, luchar por unir lo que se ha desunido, acercar lo que está separado. Camino muy difícil para todos los que se comprometen en serio en un trabajo de perdonar.

El otro no ha estado de acuerdo conmigo, me ha defraudado, no ha actuado como yo esperaba que lo hiciese, ha ido contra mí. Estoy decepcionado, desilusionado, molesto, irritado, enfadado, sorprendido, dolido. Me ha hecho sufrir y me siento separado de él, lejano, distante. Parece que un abismo se interpone entre los dos y que nada ni nadie va a poder unir de nuevo esta relación.

Ahora empieza la dura labor de perdonar, de reconciliarse. En este camino hay algo que es don. Yo, desde mi fe en Dios, me acerco a Él y le pido que me ayude a superar la distancia que me separa del otro, a no oír las voces de algo que habla en mi interior y me dice: «Que dé él el primer paso, que me pida perdón, yo no tengo la culpa, qué más da que no nos entendamos, no merece la pena esforzarse.» Y sé, positivamente, que Dios me va a ayudar en esta empresa tan difícil.

Pero también hay algo que es tarea mía. Tengo que salir de mí mismo hacia mi enemigo, arriesgarme, exponerme a recibir su «no». Y esto no una vez sino, posiblemente, muchas. Siempre que se desgarre la tela hay que intentar coserla; ofrecer cercanía, pero con un infinito respeto por la intimidad de la persona.

Si uno consigue aproximarse, al menos un poco, a esta experiencia de reconciliación, descubre un mundo sorprendente. Porque ya nada es igual que antes. No solo se ha vuelto a entablar la amistad y a rehacer la relación rota, sino que se ha creado algo nuevo.

Una vez leí una comparación que expresa perfectamente lo anterior: «Cuando las personas se quieren de verdad es como si estuvieran unidas por un hilo. Si el hilo se rompe y se vuelve a unir mediante un lazo, los extremos quedan cada vez más cerca el uno del otro, más próximos».

Así me parece que no tendríamos que temer el conflicto, el desacuerdo, porque gracias a ellos las personas nos vamos conectando y ensamblando cada vez más. Solo precisamos sabernos reconciliar y perdonar.

Padres del desierto
Dos ancianos habían vivido muchísimos años juntos y nunca habían tenido ni una sola discusión. Uno de ellos dijo al otro:

—Discutamos una vez como lo hace todo el mundo.

Pero su hermano le contestó:

—No sé cómo se discute.

El otro le dijo:

—Mira, yo pongo un ladrillo entre nosotros, y digo: «Es mío», y tú dices: «No, ¡Es mío! Y así empieza la discusión.

Pusieron en medio el ladrillo y uno de ellos dijo:

—Es mío.

Y el otro dijo:

—No, es mío.

Y el primero respondió:

—Es verdad, es tuyo. Tómalo y vete.

Y se separaron sin poder discutir.

Pudiera pensarse que las grandes dificultades de los monjes del desierto serian de carácter personal y que los problemas de convivencia serían menores al haber una escasa vida de comunidad. Más esto sería desconocer la naturaleza humana. Decía un abba: «No vivas en un lugar donde veas que existen algunos que tienen envidia, ya que ésta impide el progreso espiritual». Por lo que hay que suponer que también, en las comunidades del desierto, existirían graves dificultades de entendimiento.

La caridad oculta, sin buscar el reconocimiento e incluso huyendo de él, era la prueba de haber encontrado el «tesoro escondido».

Cualquier práctica ascética se suspendía de inmediato ante la necesidad de atender al hermano. No criticar, no juzgar, levantar a los pecadores y rezar por ellos se consideraban actos de gran compasión.

El reconocimiento de las propias pasiones y debilidades era el auténtico camino de la caridad.

¡ESPEJISMOS!: LA EXPLORACIÓN DE LA TIERRA PROMETIDA

> *«Jesús, inmediatamente, obligó a los discípulos a subir a la barca y a ir por delante de él a la otra orilla, mientras él despedía a la gente [...] La barca se hallaba ya distante de la tierra muchos estadios, zarandeada por las olas, pues el viento era contrario. Y a la cuarta vigilia de la noche vino él hacia ellos, caminando sobre el mar. Los discípulos, viéndolo caminar sobre el mar, se turbaron y decían: "Es un fantasma", y de miedo se pusieron a gritar»* (Mt 14,22-26).

En los desiertos, algunos fenómenos atmosféricos especiales producen ilusiones ópticas debidas a la reflexión total de la luz cuando atraviesa capas de aire de densidades distintas. Estas apariencias engañosas son los espejismos. Los rayos luminosos experimentan una curvatura por lo que llegan al ojo imágenes diferentes del mismo objeto.

En el éxodo del pueblo de Israel por el desierto se dieron también unas determinadas condiciones que les hicieron ver los «asuntos» deformados.

El miedo, la incertidumbre ante un futuro lejano, imaginaciones inquietantes, razonamientos distorsionados, apetencias, caprichos personales, la seguridad frente a la aventura de lo incierto; hacen que los israelitas sufran espejismos: creen ver gigantes donde solo hay hombres normales.

«Yahveh habló a Moisés y le dijo: "Envía algunos hombres, uno por cada tribu paterna, para que exploren la tierra de Canaán que voy a dar a los israelitas" […] Moisés los envió a explorar el país de Canaán […] Al cabo de cuarenta días volvieron de explorar la tierra […] Les contaron lo siguiente: "Fuimos al país que nos enviaste y en verdad que mana leche y miel; estos son sus productos. Solo que el pueblo que habita en el país es poderoso; las ciudades, fortificadas y muy grandes; hasta hemos visto allí descendientes de Anaq […] No podemos subir contra ese pueblo porque es más fuerte que nosotros […] El país que hemos recorrido y explorado es un país que devora a sus propios habitantes. Toda la gente que hemos visto allí es gente alta. Hemos visto también gigantes, hijos de Anaq, de la raza de los gigantes. Nosotros nos teníamos ante ellos como saltamontes, y eso mismo les parecíamos a ellos"» (Nm 13,1-33).

La prueba de que no son más que ilusiones la tenemos en que Caleb, que era uno de los que había ido a explorar la tierra, expresa otra opinión: «Subamos y conquistaremos el país, porque sin duda podremos con él […] La tierra que hemos recorrido y explorado es muy buena tierra. Si Yahveh nos es favorable, nos llevará a esa tierra y nos la entregará. Es una tierra que mana leche y miel. No os rebeléis contra Yahveh, ni temáis a la gente del país, porque son pan comido. Se ha retirado de ellos su sombra y en cambio Yahveh está con nosotros. No tengáis miedo […] Y el Señor aprueba su conducta, porque ve que "le anima otro espíritu"».

Cuando, posteriormente, Josué manda dos espías para que exploren Jericó, el informe que presentan es muy parecido al de Caleb, y contrario al de los anteriores observadores. «Entonces los dos hombres volvieron a bajar del monte, pasaron el río y fueron donde Josué, a quien contaron todo lo que les había ocurrido. Dijeron a Josué: "Cierto que Yahveh ha puesto en nuestras manos todo el país; todos los habitantes del país tiemblan ya ante nosotros"» (Jos 2,24).

Hermanos Álvarez: Como sabíamos que algunos enfermos de Alzheimer se alteran y se ponen nerviosos cuando ven su imagen reflejada en un espejo, tratábamos de evitar una experiencia así a papá.

Un día estaba papá muy confuso, desconectado de la realidad y nos costaba mucho realizar las tareas rutinarias de vestirlo, lavarlo, darle de desayunar. Cuando le metimos en el ascensor para sacarle a dar el paseo de costumbre, observamos cómo, por vez primera, se quedaba fascinado ante el espejo que cubría la parte posterior de la cabina. Quiso acercarse a tocarlo y, como miraba fijamente la imagen que tenía en frente, a mi hermana se le ocurrió decir:

—Mira, papi, qué señor está ahí.

Entonces sonrió, y como el «señor» le devolvió la sonrisa, y papá es muy educado, intentó saludarlo dándole la mano, pero ésta tropezó con el frío cristal.

Mi hermana siguió comentando:

—¡Qué señor más educado y simpático!

Papá asintió con la cabeza. Al llegar al piso bajo y para despedirse le volvió a brindar su mejor sonrisa. Había desparecido de forma milagrosa el estado de confusión y semi enfado que tenía ese día.

Así comenzó una amistad y trato con «el señor del espejo» de la que surgieron interesantes preguntas:

—Este señor, ¿cómo entra ahí?

—Por la puerta de atrás —le contestamos.

—¿Por qué no me da la mano?

—Es que hay una barrera que lo impide.

Empezamos a interrogar a papá cómo veía a su amigo y comprobamos que sus respuestas eran reveladoras de su verdadero estado: con-

tento, cansado, muy viejito, elegante, con sombrero nuevo, con frío, muy bien acompañado, con hambre, un poquito enfadado.

En los días en que no salían las palabras, teníamos nosotros que sugerir cómo se encontraba el señor y papá asentía o negaba con la cabeza.

Esta escena del espejo que hemos vivido tantas veces a lo largo de estos años nos ha ayudado a caer en la cuenta de algunas cuestiones.

Los espejos reflejan la imagen que se presenta delante de ellos y su nitidez depende en gran medida de la calidad de este. Si este tiene alguna grieta, rotura o desperfecto, la imagen aparecerá deformada, rota, contrahecha, y, en muchos casos, irreconocible, semejando espejismos.

A papá, la figura que le devuelve el espejo no es la suya propia, sino la de otro señor, «su amigo». Se trata por tanto de una «imagen irreal», como las que aparecen en el desierto.

También en nosotros, cuando nos vemos sometidos a una tensión continua, aparecen espejismos, ilusiones engañosas que falsean la verdad.

Creamos una especie de atmósfera contaminada que nos presenta imágenes horribles con caras monstruosas: animales feroces, ruidos y sombras que asustan; es decir, se deforma la realidad: «Nadie se porta bien conmigo». «Me han dejado solo, no me echan una mano». «Todos los demás están equivocados». «Mi situación es única, catastrófica».

Los espejismos nos confunden de tal manera que ya nos es imposible dibujar el contorno exacto de la verdad y nos vamos afianzando en las propias ideas, reforzando las fantasías mentirosas.

Lo principal para salir de este estado es tener la suficiente humildad como para reconocer que el problema está en nosotros mismos. Son nuestros sentimientos, pensamientos, emociones, miedos, los que tenemos que afrontar aquí y ahora. Si no logramos armonizarlos seguiremos falseando la realidad y estaremos luchando contra «molinos de viento».

«El enemigo», «el pesado», «el desinteresado», «el miedoso», «el problemático», «el mandón», desaparecen cuando nuestro espejo está limpio, sin polvo.

Padres del desierto

El diablo, transformado en ángel de luz, se apareció a un hermano, y le dijo:

—Soy el ángel Gabriel y he sido enviado a ti.

Pero el hermano le contestó:

—Mira no sea que te hayan enviado a otro, porque yo no soy digno de que me envíe un ángel.

Y el demonio desapareció al punto.

Decían los ancianos: «Aunque se te aparezca de verdad un ángel, no le acojas fácilmente, sino humíllate, diciendo: «No soy digno de ver un ángel yo, que vivo en el pecado.

Una cueva excavada en la roca y un mar de tierra a la salida de ella son la mejor elección para conocer la sustancia de la que estamos hechos.

La humildad es la conexión con uno mismo, con el humus que somos. Es la verdad que purifica nuestra conciencia para poder captar la realidad de las cosas.

La humildad no culpa a nadie, sino a sí mismo. Hace que desaparezcan los malos pensamientos, busca la ayuda de los demás, vence al demonio. Es la puerta de entrada a Dios, y crece cuanto más cerca se está de él. Quien no la cultiva se excluirá del Reino de los Cielos.

CLAUDICAMOS: MUERTE DE LA PRIMERA GENERACIÓN QUE SALIÓ DE EGIPTO

> *«El que persevere hasta el fin se salvará. Se proclamará esta Buena Nueva del Reino en el mundo entero para dar testimonio a todas las naciones. Y entonces vendrá el fin» (Mt 24,13-14).*

En casa se contaba una historia que ahora podemos entender mejor:

Hermanos Álvarez: Se trataba de un compañero y amigo íntimo de papá. Nada más jubilarse sufrió una trombosis cerebral y quedó con muchas secuelas, necesitando ayuda para todas las actividades normales de la vida. En ese momento su hija mayor se dedicó plenamente a su cuidado, ya que era viudo.

Pasaron varios años y un día, al encontrarnos con un familiar suyo, nos dijo que le habían ingresado en una residencia, porque la hija que le atendía se había ido de casa.

A todos nos sorprendió, porque teníamos en la mente los años que había pasado atendiendo a su padre casi sin descanso y no entendíamos cómo había podido tomar esa decisión.

En las experiencias largas y continuadas siempre surge la tentación de abandonar, de claudicar. Acude a nuestra imaginación todo lo que podríamos realizarse si no estuviéramos en esa situación, incluso cosas que nunca haríamos, pero que ahora se nos presentan como apetecibles y posibles. Idealizamos la vida de antes. Queremos desandar el trayecto recorrido por el desierto, renegamos de la decisión que un día tomamos de caminar, de vivir en libertad.

Un día apostamos por crecer y, después de muchos años, nos asoma la duda de si eso es factible. Tenemos que decidir si continuar, con el sufrimiento que conlleva, merece la pena.

La oscuridad del cansancio lo invade todo y dejamos de ver en lo que nos sucede una oportunidad de cambio, de maduración. El único pensamiento que aflora es cómo quitarnos este peso de encima.

Claudicar es dejar de crecer, de investigar, de abrirnos al misterio, de arriesgarnos. Puede revestir diversas formas que, aunque diferentes en cuanto a las decisiones tomadas, son muy parecidas en el fondo.

Una, es la del abandono, huir de la situación que nos crea el problema: «Seguir no tiene sentido, es una pérdida de tiempo».

Otra forma, es continuar, por los motivos que sean, pero sin vida, sin progresar, casi sin amor. Es solo resistir, esperar a que sea la historia la que acabe con esa adversidad que no comprendemos y rechazamos.

Hay una tercera conducta que se puede producir tras muchos años viviendo situaciones de tensión y es la del desánimo. Se constata que, aunque se intente mejorar, integrar, modificar determinadas actitudes, siempre reproducimos las mismas limitaciones y comportamientos erróneos. Entonces caemos en el determinismo de que es imposible cambiar, que no merece la pena el esfuerzo y vamos perdiendo ilusión y ganas.

El pueblo de Israel, durante su trayecto por el desierto, tuvo siempre la misma tentación: dejar el camino emprendido, claudicar.

Entre lamentaciones los hijos de Israel habían salido de Egipto y entre quejas y lloros recorrieron todo el trayecto. Su meta era entrar en la Tierra Prometida, pero durante esos amargos y largos años por el yermo sufrieron muchas penalidades y fueron «muriendo», es decir, abandonando su objetivo.

Unos fueron consumidos por el «fuego de Yahveh»: «El pueblo profería quejas amargas a los oídos de Yahveh y Yahveh lo oyó. Se encendió su ira y ardió un fuego de Yahveh entre ellos y devoró un extremo del campamento» (Nm 11,1).

Otros sufrieron las plagas: «Todavía tenían la carne entre los dientes, todavía la estaban masticando, cuando se encendió la ira de Yahveh contra su pueblo y lo hirió Yahveh con una plaga muy grande» (Nm 11,33.); también, por la peste: «Y dijo Yahveh a Moisés: "¿Hasta cuándo me va a despreciar este pueblo? ¿Hasta cuándo van a desconfiar de mi, con todas las señales que he hecho ente ellos? Los heriré de peste y los desheredaré"» (Nm 14,11-12).

Van quedando muchos en la ruta. Hasta Moisés y Aarón fueron privados de la Tierra Prometida: «Dijo Yahveh a Moisés y Aarón: "Por no haber confiado en mi, honrándome ante los israelitas, os aseguro que no guiaréis esta asamblea hasta la tierra que les he dado"» (Nm 20,12).

En un estremecedor relato, Moisés expresa su terrible destino: «He cumplido ciento veinte años. Ya no puedo salir ni entrar. Y Yahveh me ha dicho: "Tú no pasarás este Jordán» (Dt 20,12) [...] Sube a esa montaña de los Abarim, al monte Nebo que está en el país de Moab, frente a Jericó, y contempla la tierra de Canaán que yo doy en propiedad a los israelitas. En el monte al que vas a subir morirás, e irás a reunirte con los tuyos [...] por haberme sido infiel en medio de los israelitas, en las aguas de Meribá Cadés, en el desierto de Sin, por no haber manifestado mi santidad en medio de los israelitas, por eso de lejos verás la tierra, pero no entrarás en ella, en esa tierra que yo doy a los israelitas"» (Dt 32,48-52).

Fue la desconfianza de lograr la meta la que acabó con la esperanza de la mayoría del pueblo hebreo.

Cuando arrecia la tentación de desertar, del sin sentido de nuestro esfuerzo, hay que pensar en seguir la luz, la estrella que en su día vimos al salir de Egipto, cuando elegimos coexistir con las dificultades que la vida nos iba poniendo. Hay que mantener la apuesta, la lucha por la felicidad y no dejar que sean los demás o las circunstancias las que opten por nosotros.

Padres del desierto

Le preguntaron a un anciano cómo debía obrar un monje fervoroso para no escandalizarse al ver que algunos hermanos volvían al mundo. Y respondió:

—El monje debe observar cómo los perros cazan las liebres. Uno de ellos ve una liebre y la sigue. Los otros, que solo han visto correr al perro, le siguen durante cierto tiempo, pero luego, cansados, se vuelven. Solo el perro que ha visto la liebre la persigue hasta que la alcanza. La dirección de su carrera no se modifica, porque los otros se vuelvan atrás. No le importan ni los precipicios, ni la selva, ni las zarzas. Le arañan y pinchan las espinas, pero no descansa hasta que ha logrado su presa. Así debe ser el monje que busca a Nuestro Señor Jesucristo. Mira sin cesar la cruz y pasa por encima de todos los escándalos que encuentra, hasta llegar al Crucificado».

Muchos apotegmas relatan las historias de hermanos que abandonaban la vida monástica ante las dificultades de esta, por lo que los padres desarrollaron una gran sabiduría respecto a la inestabilidad de la naturaleza humana.

Los abbas exhortaban siempre a proseguir el camino emprendido. Decían que la perseverancia en la lucha era la victoria, que la fuerza de la paciencia conducía a la salvación.

Una de las causas que llevaban a más hombres a renunciar a la vida eremítica era la «acedia»: postración, disgusto sin causa concreta que asaltaba al monje en su soledad. La oración, el trabajo manual y permanecer en la celda eran los medios para superarla.

Si se lograba vencer la «acedia», se podía entrar en el estado de «amerimia»: despreocupación, carencia de inquietudes temporales; condición del alma desprendida de todas las cosas materiales y abandonada por completo en Dios.

La recomendación más frecuente para superar muchos problemas era: «Vuelve a tu celda y ella te enseñará todo».

LA ALEGRÍA: LA TIERRA PROMETIDA

LA SUPERACIÓN PERSONAL: EL PASO DEL JORDÁN

«Entonces dijo Jesús a sus discípulos: "Quien quiera salvar su vida, la perderá, pero quien pierda su vida por mí, la encontrará"» (Mt 16,24-25).

El pueblo judío ve ya de cerca la Tierra Prometida, pero previamente tiene que cruzar el río Jordán: «Josué se levantó de mañana, partieron de Sittim y llegaron hasta el Jordán, él y todos los israelitas [...] Josué dijo a los israelitas: He aquí que el arca de Yahveh, Señor de toda la tierra, va a pasar el Jordán delante de vosotros [...] Cuando el pueblo partió de sus tiendas para pasar el Jordán, los sacerdotes llevaban el arca de la Alianza a la cabeza del pueblo. Y en cuanto los que llevaban el arca llegaron al Jordán, y los pies de los sacerdotes que llevaban el arca tocaron la orilla de las aguas, las aguas que bajaban de arriba se detuvieron y formaron un solo bloque a gran distancia, mientras que las que bajan hacia el mar de la Arabá, o mar de la Sal, se separaron por completo, y el pueblo pasó frente a Jericó» (Jos 3,1-16).

El paso del Jordán posee un gran valor simbólico para los israelitas. Antes de entrar en la Tierra Prometida deben dar un salto: el de la «autotrascendencia». Ésta se refiere a la capacidad de salir de nosotros mismos y superar nuestra dimensión puramente humana. Significa dejar el propio yo, la avidez, los deseos egoístas, vaciarnos de nosotros mismos, para llenarnos.

El núcleo de la existencia humana se encuentra en la propia autotrascendencia, porque nos permite olvidarnos de nosotros mismos y abrirnos al pleno sentido de la existencia. Entregarnos a algo o a alguien más allá de nosotros y a cuyo encuentro vamos mediante el amor.

Actualmente basamos la felicidad en un narcisismo que lleva a la destrucción de la persona. El creciente cuidado del «yo» hace que muchos centren su vida en una constante preocupación por admirarlo: su salud, su libertad, sus ideas, sus opiniones, sus gustos.

Sin embargo, todos conservamos la libertad, como cualidad exclusivamente humana, de trascendernos y esto nos permite superar todo determinismo. Podemos distanciarnos de cualquier situación, y aun de nosotros mismos, y colocarnos por encima de cualquier fenómeno limitador. Esto no significa desconocer el carácter de los condicionamientos que tenemos y que experimentamos continuamente, sino que, a pesar de ellos, somos capaces de asumir una actitud concreta y construir nuestro destino.

Esto para nosotros no es una idea, sino una realidad. Por el amor a papá hemos podido salir de nuestro mundo personal, de nuestros proyectos y cuidar de él como se merece y necesita. Esto no nos ha empobrecido, como pudiera pensarse, ni hemos quedado sin realización personal. Muy al contrario, hemos crecido en todo lo que es verdaderamente humano: el amor, la capacidad de entrega, la gratuidad, la unidad, la compasión, la paciencia.

Padres del desierto

Dos hermanos vivían en las Celdas, y uno de ellos, anciano, rogaba al otro, que era joven, diciendo:

—Vivamos juntos, hermano.

Pero el joven respondió:

—Padre, soy pecador y no deseo vivir contigo.

El anciano insistía:

—Sí, podemos.

Era un hombre casto, que no toleraba escuchar que un monje tuviera pensamientos impuros. El joven le dijo:

—Déjame una semana y luego hablaremos.

Volvió el anciano y el joven quiso probarle:

—Padre, le dijo, esta semana he tenido una grave caída. Fui al pueblo para cierto negocio y pequé con una mujer.

Y el anciano le dijo:

—¿Te arrepientes?

—Sí, Padre. —dijo el hermano.

Y el anciano le respondió:

—Yo cargo contigo la mitad de ese pecado.

Entonces el hermano repuso:

—Ahora sé que podemos vivir juntos.

Y así vivieron hasta su muerte.

Son providenciales los encuentros entre los discípulos y sus maestros o entre ancianos en los que se producía una «metanía», lo que hoy podríamos llamar un «caer en la cuenta», un «cambio de ideas», una «penitencia interior». Se trata de un gesto por el cual se da testimonio de arrepentimiento después de una falta o simplemente de un encuentro, casi siempre postración.

Eran golpes de luz que hacían que, por un instante, se viese claramente lo esclerotizado de las ideas personales y que permitían superarlas, trascenderlas, dando lugar al nacimiento de un nuevo «yo», una persona nueva.

En su lucha contra el «ego» siempre recomendaban el abandono en Dios, en los ancianos, en el padre espiritual, en los hermanos, en la comunidad, en la Escrituras.

La desconfianza con respecto a la propia voluntad era muy grande. Eran el amor y la entrega a los demás los que expulsaban el temor y vencían al egoísmo.

LA FELICIDAD: LA CONQUISTA DE JERICÓ

> *«Jesús les dijo: "¿Pueden acaso los invitados a la boda ponerse tristes mientras el novio está con ellos?"» (Mt 9,15).*

Según el libro de Josué los israelitas conquistaron rápidamente la Tierra Prometida.

Todo parece apuntar, sin embargo, a que la ocupación fuera un proceso lento y gradual alcanzado a lo largo de varios siglos. Los israelitas, un pequeño pueblo de pastores nómadas lucha contra los pueblos establecidos en la tierra de Canaán, en campos y ciudades económicamente superiores y van ganándoles terreno. Allí se hacen agricultores agrupándose en familias, tribus y, más tarde, clanes.

Es difícil vencer a los enemigos de un golpe, lo sabemos todos por experiencia. Lo importante es mantener el deseo constante de progresar, de entrar en la Tierra Prometida.

Moisés ya había hablado al pueblo de Israel de ella: «Dijo Yahveh a Moisés: "Anda, sube de aquí, tú y el pueblo que sacaste de Egipto, a la tierra que yo prometí con juramento a Abraham, a Isaac y a Jacob, diciendo: A tu posteridad se la daré. […] Sube a una tierra que mana leche y miel"» (Ex 33,1-3).

Pero, antes de poseerla, tienen que vencer a todos los adversarios, a los numerosos pueblos que la habitan.

Jericó es la primera y más influyente de las ciudades que se invaden y su caída se presenta como un acto litúrgico: los israelitas, con el Arca, rodean procesionalmente las murallas de la ciudad acompañados por el son ritual de las trompetas. Es una gran fiesta que dura siete días.

Fue un momento muy importante en la historia de Israel, su primera gran victoria otorgada totalmente por intervención divina: «Vosotros, valientes guerreros, todos los hombres de guerra, rodearéis la ciudad, dando una vuelta alrededor. Así haréis durante seis días. Siete sacerdotes llevarán las siete trompetas de cuerno de carnero delante del arca. El séptimo día daréis la vuelta a la ciudad siete veces y los sacerdotes tocarán las trompetas. Cuando el cuerno de carnero suene todo el pueblo prorrumpirá en un gran clamoreo y el muro de la ciudad se vendrá abajo y el pueblo se lanzará al asalto cada uno por enfrente de sí» (Jos 6,3-5).

Pero ¿qué representaba la Tierra Prometida para los judíos? En un principio, es el lugar de reposo (Menuha), el ideal de paz, armonía y libertad que Dios les había prometido. Implicaba todo aquello que anhelaban: una tierra, trabajo, cosechas, ganado, estabilidad, seguridad.

Sin embargo, posteriormente fue adquiriendo, cada vez más, un sentido espiritual: significaba el recinto de la Presencia de Dios mismo, lo único que podía darles la plena felicidad.

Cundo recorremos un camino difícil experimentamos inseguridades, miedos, hambre, sed, peligros. Hasta que no llegamos a la meta estamos inquietos a la espera del lugar del descanso donde sintamos la paz de alcanzar la meta.

En todos estos años cuidando de papá, la gente nos ha preguntado, con frecuencia, cómo estábamos, si teníamos fuerza para seguir el día a día, si podíamos ser dichosos renunciando a tantas cosas que parecen imprescindibles.

Ellos nos han visto permanentemente a tu lado, papá, sin descanso, con noches en vela, sin vacaciones, con muchas horas ocupadas, con preocupación. Y, lógicamente, se han cuestionado si una vida así puede permitirnos ser felicidad.

Podemos afirmar que sí: hemos sido y seguimos estando gozosos. Entonces hay que dar un paso más en la reflexión sobre la felicidad y profundizar en qué reside.

Desde fuera, pudiera consistir en la posesión de unos bienes estándar que satisfacen. Desde dentro, la pregunta sobre la felicidad es siempre de carácter existencial; no es algo que tenga interés en general, sino para cada uno.

¿Quién no ha experimentado esa dilatación interior marcada por la satisfacción de alcanzar un objetivo, realizar un ideal, la sensación subjetiva de encontrarse a gusto consigo mismo, contento de su vida con sentimientos de alegría, júbilo, bienestar?

Todos tenemos un proyecto personal y somos dichosos cuando somos capaces de desarrollarlo y luchamos por superar las dificultades y contrariedades que encontramos en su realización.

Pero ¿valdrá cualquier aspiración? Al hablar con otras personas y observar los diferentes modos que tienen de entender el significado de la vida y la felicidad, algunos de ellos nos han parecido diferentes a los que nosotros estamos viviendo.

Hay quienes, al verse en una situación difícil, han preferido pensar que toda la vida es un sin-sentido, un absurdo. Afirman que la felicidad no es posible y es inútil buscarla. Es el pesimista resignado, sin ilusión, que piensa que el fracaso acompaña necesariamente a la persona, que el destino de lo finito es truncarse, que al final nada queda. Viven en un estado mezcla de apatía, resignación, tristeza, lamento, depresión. No están esperando más que se termine «el problema».

Otro modelo que hemos conocido, por desgracia bastante frecuente, es el de quien, ante una experiencia dolorosa, busca un estado de euforia que compense el sentimiento negativo. Para ello suele servirse de algún «estimulante» que le proporcione el optimismo que él no termina de encontrar: la actividad constante, los viajes, el alcohol, las fiestas, los banquetes, en definitiva, la huida de la contrariedad.

Finalmente hay otros que basan su bienestar en cuidar únicamente de sus propios intereses. Viven en un afán constante por asegurarse una existencia lo más cómoda y tranquila posible, sin sobresaltos ni riesgos, solo piensan en su salud, familia, casa, trabajo, coche; y por tanto no asumen su papel es los procesos dolorosos.

Desde nuestra experiencia y, probablemente, la de otros muchos, afirmamos que los bienes que dan la felicidad tienen unas características muy concretas y diferentes a las meramente materiales, ya que nosotros hemos podido estar gozosos durante estos seis años.

Deben nacer de dentro; es decir, responder a los deseos y aspiraciones que brotan de lo más íntimo de nuestro ser, para que no los puedan arrebatar nada de fuera.

No puede ser únicamente materiales: consistir en poseer riqueza, fama, salud, poder, talento, en definitiva, acumular productos pasajeros e inestables que ahora tenemos, pero dentro de un instante ya no. Todos ellos son finitos y el ser humano por su estructura antropológica de ser abierto a la Trascendencia, solo puede satisfacerlo un bien indestructible y eterno.

En nuestro caso concreto hemos perdido dinero, promociones a mejores puestos de trabajo, ocasiones de formación, cursos, viajes, salud, y, a pesar de ello, hemos vivido dichosos.

Y es que no basta con los valores útiles; hacen falta los que son dignos de ser amados por sí mismos: el saber, la virtud, la ética, la gratuidad, sobre todo, el amor, solo por y para él tiene sentido nuestra existencia; él resume y sintetiza el mayor bien posible.

Sin embargo, no vale cualquier tipo de amor, sino el que se transforma en un acto de entrega que busca lo mejor para el prójimo, su perfeccionamiento, y que llega a dar la propia vida.

Solo por él y gracias a él, nosotros hemos podido ser y somos dichosos cuidando a papá. Este amor nos da todo lo que necesitamos para atenderlo: delicadeza, paciencia, buen humor, perseverancia, imaginación, optimismo. Y, por supuesto, la capacidad de soportar el dolor que nos produce su enfermedad. Hemos comprendido por experiencia que uno ama a alguien en la medida en que es capaz de aceptar el sufrimiento que el otro le produce.

Hermanos Álvarez: «Tu corazón, papá, sueña con Dios, aunque tú no lo sepas; porque sueñas con el sol, la primavera, la verdad. Nunca te conformaste con una vida limitada a lo material, sin espíritu. Quisiste ir siempre más allá, tocar ya en la tierra algo del cielo, tener alas para volar, buscar lo inalcanzable.

Tú has gozado plenamente de la vitalidad que Dios te ha dado y ese aliento de vida que un día él puso en ti no se apagará jamás. De tu cuerpo lleno de debilidad sale un resplandor, una nueva luz que habla de eternidad y que lo invade todo.

Papá, salimos ya de la noche y entra de golpe la luz, el clarear del nuevo día que nos habla de fuerza resucitadora. Es la buena noticia que proclama ¡Victoria! La fe ha clavado una espada en el corazón de la noche y la ha matado.

Desde la fe en la Resurrección, podemos levantarnos cada mañana, vivir y cantar con júbilo. Esta es la fuerza que mueve el mundo, que renueva la esperanza, que hace que aplaudan los ríos y aclamen los montes, que empuja a toda la creación a entonar un himno de victoria a su Señor. El silencio y la muerte han de ceder ante las voces que claman: ¡Victoria!, ¡vida!, ¡esperanza!, ¡fe!, ¡resurrección!»

Padres del desierto

El abad Agatón decía: «Un monje no debe permitir que su conciencia le acuse de cosa alguna».

Cuando murió permaneció tres días inmóvil con los ojos abiertos. Los hermanos le sacudieron un poco y le preguntaron:

—¿Padre, dónde estás?

Y respondió:

—Estoy ante el tribunal de Dios.

Y le dijeron los hermanos:

—Padre, ¿tú también temes?

Y contestó:

—Me he esforzado con toda mi alma en guardar los mandamientos de Dios, pero soy hombre y no sé si mis obras fueron agradables a Dios.

Los hermanos le dicen:

—¿No confías en que tus obras fueron según Dios?

Y el anciano dijo:

—No estaré seguro hasta que no esté delante de Dios. Una cosa es el juicio de Dios y otra el juicio de los hombres.

Y como los hermanos le quisieron preguntar más cosas, les dijo:

—Por caridad, no me habléis más, estoy ocupado.

Y dicho esto murió con gran alegría. Y le vieron entregar su espíritu como un amigo que saluda a sus amigos íntimos.

«Entre los títulos dados a las colecciones de los Apotegmas, ninguno más evocador que el de «paraíso de los Padres», ni nada más apto para resumir los elementos y carácter esencial de este mundo de los antiguos monjes en el que deseamos entrar»[16].

¿Cómo era el edén de los Padres? Por las sentencias que nos han dejado, se quiere parecer mucho al primer paraíso terrenal descrito en el Génesis: se vuelve a encontrar la familiaridad del ser humano con la naturaleza.

Sin embargo, al mismo tiempo también es el lugar de la lucha. Y si bien los demonios son muchos, los ángeles son considerablemente más y los mantienen a raya.

Gracias al combate espiritual el desierto se convierte, para los Padres, en lugar de descanso y delicias al encontrar la intimidad divina de la que gozaban Adán y Eva antes de la caída.

¿Qué es lo que transforma un desierto en un jardín de delicias? Sencillamente el agua, el agua viva que corre sobre la tierra árida. «Los santos se parecen a un huerto de árboles de variados frutos que beben de una misma fuente. Pues uno es el trabajo de éste y otro el de aquél; pero hay un único Espíritu que obra en todos ellos»[17].

---

[16] *Las Sentencias de los Padres del desierto.* Desclée De Brouwer, Bilbao (1988).
[17] Ídem.

EPÍLOGO

¿Quiénes serán los privilegiados que puedan entrar en la Tierra Prometida, en la dicha plena? ¿Estará reservada para unos pocos elegidos?

No, la felicidad es una vocación del hombre y todos somos llamados a ella siguiendo una tendencia inscrita en nuestra naturaleza. Es la aspiración más completa del ser humano y debe poderse realizar siempre y en toda vida, pero no como hallazgo al final del camino, sino disfrutada durante su recorrido, Es más una forma de viajar que un estado definitivo, debe construirse y hacerse realidad día a día en toda situación.

Experimentar la alegría de forma cotidiana, en las pequeñas cosas, con una actitud mental positiva, supone que somos capaces de apreciar el gozo existencial, la fiesta de la vida en sí misma.

Pero ¿se puede acabar con la esperanza de alcanzar la felicidad? Motivos no nos han faltado a lo largo del camino. Tampoco el pueblo de Israel lo tuvo fácil. Todos hemos necesitado mantener una idea central: Si Dios nos ha sacado de Egipto este hecho debe tener continuidad, pues él es infinitamente coherente. Lo que ha realizado «con gran poder y mano fuerte» garantiza el que siga actuando en el mismo sentido y de la misma manera, es decir, salvando, liberando.

Las maravillas de Dios en el pasado fundamentan nuestra confianza en el presente y esperanza en el futuro. Es necesario meditar en esto con frecuencia, que no desaparezca jamás de la mente y, sobre todo, del corazón.

Hemos llegado al final del camino. El Señor ha sido capaz de introducir a su pueblo en la Tierra Prometida y a nosotros también. Que la historia de la salvación siga adelante y llegue a su cumplimiento en cada uno, es obra de la fidelidad de Dios. Si de nosotros dependiera, todo habría fracasado rotundamente; a pesar de ello, es necesario considerar siempre nuestra existencia con sentido, dirección, contenido, y persistir en la determinación de seguir adelante con ilusión y sin desánimo.

Thomas Merton decía: «Nuestro verdadero viaje en la vida es interior, es cuestión de crecimiento, de profundización, de una entrega cada vez mayor a la acción creadora del amor y de la gracia en nuestros corazones. Nunca como ahora fue tan necesario para nosotros el responder a esta acción».

Hermanos Álvarez: «Un famoso cocinero estaba preocupado por su hija que, ante las dificultades de la vida, se estaba retrayendo, echando atrás. La llevó a la cocina y, mientras preparaba diversos platos, le fue explicando la reacción de los diferentes alimentos ante la circunstancia traumática que les supone enfrentarse al agua hirviendo.

—Mira querida niña —le dijo. Hay alimentos duros como la patata que tras pasar por el agua hirviendo se ablandan, se vuelven deliciosos. Otros son blandos y jugosos como los huevos, pero después de cocer se endurecen y se secan. Y hay un tercer grupo, que son los más interesantes, que al pasar por el agua hirviendo destilan lo mejor de sí y logran convertir, transformar, esa agua en una bebida deliciosa, como por ejemplo los granos de café.

La hija se quedó pensando sin hacer ningún comentario, y el padre siguió su labor. Pero al despedirla le preguntó:

—¿A qué clase de alimento quieres pertenecer?

Papá ya no puede prácticamente expresarse, pero los que vivimos a su lado percibimos que, con su sola presencia, es capaz de despertar en nosotros los mejores sentimientos de amor, ternura, alegría... Por eso su vida tiene un gran valor para todos los que le rodeamos y esta esperanza es la que hemos intentado trasmitir.